GW00693930

FENG SHUI EN EL TRABAJO

FENG SHUI EN EL TRABAJO

**ORGANICE SU ESPACIO DE TRABAJO
PARA CONSEGUIR EL MÁXIMO RENDIMIENTO
Y APROVECHAMIENTO**

KIRSTEN M. LAGATREE

Ilustraciones a cargo de LILLIAN LANGOTSKY

EDICIONES OBELISCO

Si este libro le ha interesado y desea que le mantengamos informado de nuestras publicaciones, escríbanos indicándonos qué temas son de su interés (Astrología, Autoayuda, Ciencias Ocultas, Artes Marciales, Naturismo, Espiritualidad, Tradición) y gustosamente le complaceremos. Puede consultar nuestro catálogo en http://www.edicionesobelisco.com

Feng shui en el trabajo
Kirsten M. Lagatree

1ª edición: febrero de 1999

Título original: *Feng shui at work*
Traducción: TsEdi, Teleservicios Editoriales, S.L.
Urgel, 216 - 08036 Barcelona
Tel. 93 430 65 12 - Fax 93 430 90 22
Portada: Ricard Magrané
Ilustraciones: Lillian Langotsky
© by Kirsten M. Lagatree 1998 (Reservados todos los derechos)
© by Lillian Langotsky 1998 (Reservados todos los derechos)
© by Ediciones Obelisco, S.L. 1999
(Reservados todos los derechos para la presente edición)
Edita: Ediciones Obelisco, S.L.
Pedro IV, 78 (Edif. Pedro IV) 4ª planta, 5ª puerta
08005 Barcelona - España
Tel. 93 309 85 25 - Fax 93 309 85 23
Castillo 540
1414 Buenos Aires (Argentina)
Tel. y Fax 771 43 82
E-mail: obelisco@interplanet.es
Depósito Legal: B-3247-1999
ISBN: 84-7720-684-8

Printed in Spain
Impreso en España en los talleres gráficos de Romanyà / Valls, S.A.
Verdaguer 1- Capellades (Barcelona)

Este libro está dedicado, con amor,
a Marion, Donald y Bruce Lagatree

AGRADECIMIENTOS

Me gustaría dar las gracias a Monte Durham, Kitty Felde, John-Dennis Govert y Jami Lin, cuya generosa ayuda ha significado mucho para mí en este proyecto. Quiero agradecer especialmente al profesor Louis G. Pérez, de la Illinois State University, sus orientaciones en cuanto a historia, cultura y lengua de China. Doy también las gracias a mi editor, Page Edmunds, y a Kirsten Raymond de Villard. Suzanne Wickham-Beaird, la editora de Villard en la Costa Oeste, merece una mención especial porque su visión hizo arrancar este proyecto hace más de tres años, y su entusiasmo y energía lo han impulsado desde entonces. Deseo asimismo dar las gracias a mi colega Rick Koonce por saber escuchar y por recordarme lo importante que es salir a comer fuera de vez en cuando. Y, finalmente, amor y gratitud a mi marido, John Barth, que es responsable del buen feng shui en nuestra casa.

INTRODUCCIÓN

¿Cómo se siente cada mañana cuando entra en su oficina? ¿Lleno de energía, dispuesto a trabajar y con multitud de ideas creativas para el día que tiene por delante? ¿O, por el contrario, se siente cansado, incluso antes de empezar el día, o un poco desmoralizado cuando piensa en las tareas que le esperan? Probablemente le sorprenda saber que estas sensaciones pueden estar más relacionadas con cómo es su espacio de trabajo que con el tipo de tarea que realiza, con su jefe o con sus compañeros.

Su entorno tiene un gran efecto en la forma en que se siente y en cómo se comporta, tanto si está en casa como si se encuentra en la consulta médica, en una fiesta o en el trabajo. Pero como el trabajo es una parte importante de la vida, puesto que ocupa la mitad de nuestras horas de vigilia, el entorno de su oficina es especialmente crítico.

Incluso cuando no está trabajando, la calidad de su vida a menudo viene dictada por la calidad del trabajo que realiza. Su economía, su autoestima, su valor ante los demás: todo ello viene con frecuencia determinado por el tipo y las condiciones de su empleo.

Su espacio de trabajo y la disposición de su mobiliario son tan importantes para la labor que realiza como lo es una llave inglesa para un fontanero, un bisturí para un cirujano o una libreta para un escritor. Tanto si su espacio de trabajo es un gran edificio de oficinas como si es un minúsculo cubículo* o una esquina de la mesa de su salón, éste tiene que estar en armonía y equilibrio con la naturaleza para poder favorecer su productividad.

Si controla su entorno de trabajo con el feng shui, el ancestral arte chino de la colocación, estará cuidando su destino profesional; si organiza su oficina según las normas del feng shui, podrá incrementar su economía, mejorar su reputación profesional, aumentar su creatividad, construir su propia empresa e, incluso, mejorar las relaciones con sus compañeros dc trabajo.

A través de este libro conocerá los casos de varios profesionales cuyos trabajos o carreras se vieron positivamente influidos por la práctica del feng shui. Mientras escuchaba sus experiencias, me di cuenta de hasta qué extremo el feng shui puede cambiar nuestras vidas. Este arte antiguo da resultado.

Mi extraordinaria experiencia con el feng shui empezó en los primeros meses de 1992. Como escritora independiente y colaboradora habitual de *Los Angeles Times*, un día llamé a mi editor, impaciente por proponerle un artículo especial que quería redactar. Había planeado escribir sobre un tema fascinante del que había oído hablar hacía poco tiempo: el feng shui. Pero antes de que pudiera contar nada sobre el tema, él me interrumpió para decirme: «Sea cual sea el artículo que tienes en mente, tendrá que esperar. Hay otro en el que quiero que empieces a trabajar en seguida». Y me dijo que quería un artículo sobre el feng shui. Me dejó tan sorprendida que necesité unos instantes para responder.

* *N. del traductor: en inglés, un* cubicle *designa cada uno de los departamentos en que puede dividirse una sala utilizando paneles modulares. A pesar de que el «cubículo» castellano no se corresponde exactamente a este concepto, hemos decidido utilizar en adelante este término para designar dichos departamentos.*

Cuando pasó mi sorpresa, le conté que ésa era exactamente el artículo que quería escribir.

Aquello que empezó como una coincidencia algo misteriosa resultó ser el feliz comienzo de una serie de acontecimientos que iban a cambiar mi vida.

Ya había iniciado mis investigaciones y mi artículo sobre la forma en que el feng shui estaba haciendo cambiar el mercado inmobiliario del sur de California, cuando mi marido y yo nos mudamos a una nueva casa. Mudarse es siempre una locura y algo caótico, así que me resultaba difícil continuar escribiendo mientras íbamos de aquí para allá con cajas de cartón. Pero incluso una vez instalada en la oficina de mi nueva casa, me costaba un gran esfuerzo concentrarme en escribir y aún más encontrar ideas frescas y claras para lo que sabía que iba a ser un gran artículo. Además, no me sentía cómoda en mi mesa. Pero era incapaz de saber cuál era el problema.

Ante esta frustración, pedí a mi marido que me ayudara a reorganizar mi nueva oficina. Había puesto la mesa frente a una ventana, creyendo que la vista del jardín me ayudaría a concentrarme en el trabajo. Cuando mi marido entró en la habitación, puso la mesa al otro lado, de forma que veía la puerta mientras escribía. Su sentido innato del diseño le decía que esa posición era mejor. Por razones que no alcancé a comprender, de este modo comencé a sentirme mucho mejor cuando estaba sentada en mi mesa y disponía de más control sobre mi trabajo. ¡De repente era fantástico trabajar en esa habitación!

A medida que iba avanzando en mis investigaciones, fui comprendiendo que la reorganización que John hizo en mi despacho había mejorado el feng shui de esa habitación. Más tarde pude entender que el buen feng shui de mi oficina no sólo aumentó mi capacidad de trabajo, sino que también ejerció una gran influencia sobre la dirección de mi vida profesional.

Cuando apareció el artículo en *Los Angeles Times*, muchos lectores mostraron su interés por el feng shui. Entre ellos se hallaba la editora de Villard, en la Costa Oeste, quien me llamó para hacerme una oferta con la que la mayoría de escritores independientes sólo puede soñar: me ofrecía la posibilidad de ahondar más en el tema y escribir una buena guía básica sobre el feng shui. Ésa era la oportunidad de mi vida: escribir un libro sobre un tema que tenía el potencial de cambiar la vida de miles de lectores de forma positiva, como había empezado a cambiar la mía. Sabía que parte de mi propio éxito era debido al feng shui.

¿Puede sacarse alguna conclusión de todo esto? Sí. Cuando mi marido reorganizó la oficina, su instinto le condujo al buen feng shui, a pesar de que desconocía por completo este arte. Buscando una atmósfera de trabajo confortable y cómoda, inconscientemente había hecho los cambios que la práctica del feng shui propone, con lo cual mejoró el equilibrio, la armonía y el flujo de energías de la habitación. Esta experiencia me hizo entender uno de los dogmas de esta ciencia china: una habitación con el diseño adecuado, que es confortable y práctica, suele tener también buen feng shui. Cuando utilice este libro para reorganizar su espacio de trabajo, confíe en su propia intuición. Es posible que, como John, sepa más de lo que cree sobre el feng shui.

FENG SHUI EN EL TRABAJO

UNO

¿QUÉ ES EL FENG SHUI?

Es el antiguo arte chino de la colocación. Piense en él como si se tratara de la acupuntura para un edificio. Igual que el acupuntor ajusta la energía del cuerpo con agujas, el practicante de feng shui utiliza objetos para redirigir el flujo de energía en un entorno, tanto interior como exterior. Las habilidades del acupuntor dan como resultado un paciente sano; los esfuerzos del maestro de feng shui crean un entorno equilibrado y saludable. Las aportaciones de ambos influyen de modo inconmensurable en la calidad de la vida humana.

En otras palabras, el feng shui es un sistema para disponer los objetos de su entorno de tal modo que estén en armonía y equilibrio con la naturaleza. Cuando nuestro entorno está tranquilo y en armonía con las grandes fuerzas universales, también nosotros lo estamos. Y con nosotros, nuestra vida.

Los principios del feng shui pueden aplicarse a la ubicación de un jarrón de flores o al trazado de todo un plan arquitectónico. Con un feng shui adecuado, podrá inclinar la balanza de su vida hacia el éxito económico, las mejores relaciones o una mayor creatividad, con independencia de cuáles sean sus objetivos. A medida que vaya conociendo el feng shui y empiece a poner en práctica sus técnicas, dispondrá de mayor control sobre su vida y sacará más partido a sus esfuerzos personales y profesionales.

VIENTO Y AGUA

En chino, las palabras *feng shui* significan «viento y agua». Estos dos elementos representan una metáfora del poder de la naturaleza en nuestro mundo y nos recuerdan la importancia absoluta de respetar ese poder al organizar los detalles de nuestra vida diaria. Un buen diseño feng shui utiliza elementos naturales y hace eco de los modelos de la naturaleza –la curva de los paisajes, el flujo del viento, los movimientos del agua–, mientras pone en equilibrio las fuerzas universales que influyen en nuestro destino.

DE DÓNDE VIENE

Hace unos tres mil años, los agricultores del sur de la China empezaron a percibir determinados hechos en sus vidas cotidianas.

Observaron que los cultivos que plantaban en el lado de barlovento (costado por donde viene el viento) de un monte se secaban o quedaban completamente destruidos por unas fuerzas naturales que les parecían despiadadas. Sacudidas por el viento y desprotegidas ante las lluvias torrenciales, las frágiles plantas de arroz y legumbres se marchitaban. Las que conseguían crecer eran muy débiles. En esos «años de barlovento», en los que las cosechas eran escasas, alimentar a la familia y, aún más, cosechar suficiente comida para intercambiar por otros bienes era una tarea difícil.

La pobreza, el hambre y la enfermedad que sobrevenían lentamente causaban muertes en todas partes, tanto entre los agricultores como entre quienes no eran agricultores. Mientras se iba demostrando que la prosperidad e incluso la esperanza de vida estaban directamente relacionadas con la elección de dónde y cómo plantar, el deseo de vivir en armonía con la naturaleza se reveló como un elemento muy trascendente.

Estos campesinos también observaron que las familias cuyas casas miraban al Norte recibían lo más fuerte de las feroces tormentas de arena que soplaban desde el desierto de Gobi. Cada vez que salían por las puertas que daban al Norte, la arena les golpeaba en la cara y se les metía en los ojos, y el polvo se introducía en sus casas, posándose sobre los utensilios de cocina y la ropa de cama. Entre tanto, las cabañas que miraban al Sur eran un pozo de buena fortuna para sus ocupantes; no sólo estaban protegidos de los duros efectos de las tormentas de arena sino que gozaban del beneficio añadido del calor y la luz del sol que entraba por sus puertas principales.

Este descubrimiento de los agricultores de que mirar al Sur les traía buena suerte, una vida más placentera y muchas otras bendiciones, poco a poco fue dotando a ese punto de la brújula de un rango especial. De hecho, como siempre observaron el feng shui al emplazar y construir los palacios imperiales, los chinos tienen un refrán que dice: «Mirar al Sur es convertirse en rey». Incluso hoy, el Sur está considerado como la dirección más favorable, la que gobierna la fama, la fortuna y la festividad: algunas de las bendiciones más buscadas de la vida.

Poco a poco, ésta, junto a docenas de otras pequeñas observaciones, fueron dando lugar, entre los chinos, a un conjunto de principios que gobiernan cada aspecto de la existencia y de la vida después de la muerte. La veneración de sus antepasados es una parte importante de la cultura china, y el feng shui fue –y en algunos casos todavía es– muy importante a la hora de encontrar los mejores lugares para enterrar a los familiares. En la China antigua, los expertos en feng shui, o geománticos, eran llamados para que ayudaran a dar sepultura a los muertos. Existe la creencia de que los antecesores sepultados adecuadamente y con cuidado ven con mejores ojos a sus parientes vivos, vigilándolos y concediéndoles sus bendiciones de prosperidad, honor, larga vida y sana descendencia.

ESCUELAS DE FENG SHUI

En su desarrollo durante los últimos dos milenios, el arte y la ciencia del feng shui ha sido adaptado para entornos y culturas diferentes. Ahora hay tres escuelas principales y sus métodos son practicados en todo el mundo, aunque ninguno de forma puramente estricta. Cada escuela utiliza, al menos, alguna cosa de las otras.

La Escuela Forma de la Tierra siguió las observaciones de los antiguos agricultores; éstas se conviertieron en el primer tipo de feng shui que se practicó. En aquellos primeros años del feng shui, los hombres sabios del sur de la China utilizaban los montes, las montañas, los ríos, los lagos y otros puntos geográficos para guiarse a la hora de emplazar pueblos, palacios y cementerios. Intentaron encontrar lugares en los que las colinas y montañas de su alrededor les cobijaran del viento y del clima, al tiempo que buscaron montañas con formas parecidas a dragones, tigres y tortugas, criaturas que, según ellos, iban a dar a los habitantes de la zona regalos y protección celestiales.

El dragón era la más venerada de estas criaturas porque representaba el mayor poder y, por lo tanto, la mayor protección. Su buen o mal humor podía traer grandes bendiciones o terribles destrucciones. Las sequías eran consecuencia de dragones infelices y sedientos, mientras que las catástrofes como inundaciones y tifones eran causadas por dragones enfadados y malévolos. En cambio, un dragón feliz y satisfecho enviaba suaves lloviznas para nutrir los cultivos. Su benevolencia mantenía alejados los desastres.

Los lugares cercanos a «montes dragón» eran buscados como ubicaciones sagradas y ventajosas. Un sitio ideal debería tener, al Este, montes semejantes a un dragón verde; al Oeste, una ladera parecida al tigre blanco que protege ferozmente, y al Norte, una cadena de montículos más pequeños que simbolizaran la tortuga negra. En esta posición, un edificio (o pueblo) está arropado en una cama geológica; la parte trasera y los lados sugieren comodidad al mismo tiempo que protección.

Estas ubicaciones especiales venían determinadas por decisiones muy subjetivas del maestro de feng shui y todos las seguían respetuosamente: desde los humildes campesinos hasta los poderosos emperadores. La Escuela de la Forma de la Tierra es muy intuitiva y confía principalmente en la interpretación de metáforas y símbolos. Otras escuelas añadieron reglas más concretas, pero el feng shui actual todavía requiere una gran dosis de intuición. Por ello, el auténtico maestro de feng shui debe tener un talento especial además de años de estudio.

Poco a poco, la práctica del feng shui fue extendiéndose más allá del sur de la China (con sus marcadas formas terrestres fácilmente reconocibles) hacia las partes llanas del centro y el norte

Ubicación ideal para un edificio entre montañas dragón y montañas tigre

del país. Los geománticos, para determinar las ubicaciones más prósperas, decidieron no guiarse tanto por las orientaciones físicas del paisaje y empezaron a seguir un enfoque más bien basado en fórmulas. En lugar de confiar completamente en el paisaje, para hacer su trabajo comenzaron a utilizar direcciones de brújula, combinándolas con metafísica, astrología, complejos cálculos matemáticos y un diagrama de ocho lados, conocido como el «ba-gua». Todo esto originó lo que se conoce como la Escuela de la Brújula.

Hace unos cincuenta años, el maestro de feng shui chino-americano, Thomas Lin Yun, creó una tercera escuela principal con el objetivo de ofrecer un método más accesible y menos complicado para los occidentales. La Escuela Tántrica Budista Tibetana de la Secta del Bonete Negro, o BTB, no utiliza para nada direcciones de brújula. En su lugar, usa la puerta principal de un edificio o habitación como punto de orientación para hallar direcciones determinantes y favorables. En la actualidad, las Escuelas de la Brújula y BTB tienen muchos seguidores.

Este libro está basado en un método actualizado e ilustrado a partir de la Escuela de la Brújula gracias al trabajo de la experta en feng shui Angi Ma Wong. Al igual que el método BTB, este sistema ha sido adaptado para el público occidental y, del mismo modo que la Escuela de la Forma de la Tierra, reclama la intuición del practicante para determinar qué funciona mejor en cada situación. Tiene la precisión y claridad de la Escuela de la Brújula, y la integración de fuerzas naturales de la Escuela de la Forma de la Tierra, además de la practicabilidad y la accesibilidad necesarias para los usuarios occidentales.

Este método le permitirá elegir entre una variedad de opciones para diseñar y organizar los objetos de su entorno. También podrá seleccionar ajustes del feng shui que se adapten a sus gustos y necesidades. En realidad, es vital que preste atención a sus

reacciones y sensaciones mientras avanza en la lectura del libro:
de esta manera, podrá escoger siempre una opción en la que se
encuentre bien.

Hay algunos elementos que comparten todas las escuelas de feng
shui. El más importante es el «chi», que los chinos a veces llaman
el aliento del dragón cósmico del universo; pero el chi puede
entenderse más fácilmente como energía o fuerza de la vida. Está
en el aire, circulando constantemente a nuestro alrededor e influ-
yendo en cada elemento de nuestra vida, desde nuestra salud
hasta nuestra prosperidad y desde nuestra prosperidad hasta el
infortunio y la enfermedad. Como la electricidad, el chi es una
fuerza invisible, aunque poderosa, de nuestra vida diaria.

EL CHI

El objetivo de un buen feng shui es aprovechar esta fuerza
vital para potenciar los efectos positivos que ofrece. Aumentando
y enfocando el flujo chi, podemos dirigir nuestro destino de forma positiva.

Como fuerza natural, el chi se mueve más beneficiosamente
entre curvas: prefiere las formas suaves que se dan en la naturaleza a los cantos agudos de los diseños fabricados por el hombre.
Cuando fluye por una vía curva, el chi viaja a ritmo pausado,
otorgando su poderosa fuerza y sus bendiciones. Las líneas
rectas y los cantos agudos hacen que se mueva demasiado deprisa, lo que provoca la aparición de «flechas venenosas» que tienen
efectos dañinos. Las estructuras que fabricadas por el hombre
modifican el entorno –carreteras, túneles, urbanizaciones, etc.–
pueden afectar negativamente su movimiento, dando lugar al mal
chi, que se conoce con el nombre de «sha».

Imagínese el buen chi como el viento que sopla suavemente
a través de los árboles y crea brisas refrescantes, serenas y aire

limpio, saludable. Y ahora imagínese el viento soplando por un espacio urbano, a lo largo de un bloque de rascacielos, que le deja sin aliento cuando pasa por su lado. Así verá la diferencia entre el flujo chi positivo y el negativo.

Desgraciadamente, el chi negativo es bastante común en las oficinas y en otros espacios de trabajo. Los largos corredores estrechos pueden provocar sha, lo que acarrea toda suerte de problemas en los negocios, la salud o las relaciones. Los cantos agudos, creados por los archivadores, despachos y columnas cuadradas, hacen que fluyan flechas venenosas por un espacio de trabajo. Esto puede provocar dolores de espalda o cabeza y un montón de otras enfermedades físicas o psicológicas en las personas que se hallan en las oficinas, incluso en muchos casos ocasiona políticas administrativas severas y deshumanizadas.

El sha y las flechas venenosas pueden producirse por cantos agudos o pasillos largos y estrechos en los que el chi fluye demasiado rápido. También las obstrucciones físicas que bloquean el paso del chi pueden provocar problemas debido a su estancamiento. Cuando los muebles impiden el movimiento libre por la habitación o cuando un árbol bloquea el fácil acceso a un edificio, se interrumpe el flujo chi. Éste puede bloquearse también por el desorden cotidiano: montones de papeles, archivos, cajas,... todo lo que esté amontonado. El chi estancado se desconecta de todos los beneficios positivos de la energía que fluye libremente y puede provocar problemas en la salud o en las relaciones. El chi estancado, especialmente en un entorno de trabajo, puede interferir en la creatividad, la atención y la concentración.

Si hay un área en la que el chi estancado parece ser un problema crónico, añádale algo de esta lista de elementos que atraen fácilmente el chi:

- Luz
- Agua (especialmente en movimiento, como acuarios y fuentes)

- Seres vivos (peces, mascotas, pájaros)
- Plantas y flores
- Reflejos (espejos)
- Movimiento (ventiladores, móviles de campanillas)
- Colores vivos
- Cristales
- Bonitas piezas de arte

Cualquier objeto que capte su atención de forma agradable atraerá chi positivo.

Pero así como cualquier buena cosa en cantidades exageradas puede ser una plaga para nuestra vida, demasiado chi puede provocar problemas. Si, por ejemplo, tiene dificultades para concentrarse, compruebe que en su área de trabajo no hay muchos signos de chi. Por ejemplo, la luz clara es útil para mantener el buen chi de una habitación. Pero la sobreexposición o la luz dura (una situación típica en muchos lugares de trabajo) pueden hacerlo demasiado intenso y hacer que resulte abrumador y estresante.

Al igual que el chi de nuestro entorno afecta a nuestro destino, nuestro chi personal nos anima y nos hace ser como somos. Una persona muy carismática posee, sin duda, un poderoso chi personal. Cuando alguien dispone de un chi vibrante, saludable, es entusiasta, enérgica y dispuesta a empezar nuevos proyectos; una persona así atrae a la gente con ese aire especial de energía y seguridad. Por otro lado, las personas a las que les falta buen chi pueden sentirse apáticos, deprimidos o incapaces de enfrentarse a la vida con seguridad; acostumbran a ahuyentar a los demás, en lugar de atraerlos. Sin embargo, podemos tener cierto grado de control sobre el chi personal. Si se cuida con una alimentación

CHI PERSONAL

adecuada, durmiendo bien y realizando ejercicio, se dará un nuevo impulso para sentirse lleno de energía, entusiasta y seguro. Un estilo de vida sano lleva a un buen chi.

Manipular el entorno para crear un buen flujo de chi externo y un buen feng shui le ayudará a alcanzar sus objetivos. Pero para poder fijar esos objetivos, en primer lugar debe beneficiarse de la vitalidad y del optimismo que sobreviene a un buen chi individual. A medida que vaya entendiendo el flujo e intercambio de chi personal y ambiental, su práctica del feng shui será más efectiva.

YIN Y YANG

Puesto que proviene de la ciencia y del arte, el feng shui es más fácil de entender desde la perspectiva de la visión china del cosmos. En el centro de esta filosofía está el concepto del yin y el yang. Estas fuerzas contrarias dan forma al universo y a todo lo que hay en él; juntas constituyen un todo en equilibrio. Yin es femenino, yang es masculino. El yin se representa como la cautela del tigre. El yang es como el dragón: fiero, fuerte, cálido y activo. No piense en estas fuerzas opuestas como «buena» y «mala». En realidad son complementarias. El universo las necesita a ambas y dependen la una de la otra para subsistir. Sin noche no hay día. Sin muerte no hay vida.

El yin y el yang juntos componen el tao (se pronuncia «dau») que significa «el camino» o «la vía». La interacción de estas dos fuerzas crea chi y hace que el mundo funcione (del verano sale el invierno, del día sale la noche). Equilibrar estas dos fuerzas es algo primordial para el feng shui. Cuando conseguimos ese equilibrio nos damos cuenta de que nuestra vida está en armonía y de que nuestra fortuna gira hacia algo mejor.

Todo en el universo contiene parte de yin y parte de yang. Observe el punto blanco (yang) dentro del símbolo negro del yin y viceversa. Cuando se representan el yin y el yang dentro de un círculo, éste es el símbolo de entereza Taichi.

Cualidades Yin/Yang

Yin es el tigre	Yang es el dragón
Yin es la tierra	Yang es el cielo
Yin es la luna	Yang es el sol
Yin es el invierno	Yang es el verano
Yin es la madre	Yang es el padre
Yin es el lago	Yang es la montaña
Yin es frío	Yang es calor
Yin es lluvia	Yang es la luz del sol
Yin es impar	Yang es par
Yin es docilidad	Yang es agresión
Yin es planta	Yang es roca
Yin es redondo	Yang es cantos agudos
Yin es tranquilo	Yang es ruidoso

David Starkweather es director de desarrollo de una gran organización sin ánimo de lucro. Le estaba resultando muy difícil trabajar, incluso en el mismo momento de llegar a su oficina por la mañana. Se hallaba lleno de energía y tenía un montón de buenas ideas, pero se sentía disperso e incapaz de concentrarse aun en una sola cosa o, incluso, hacer lo que había anotado la noche anterior en una lista de tareas.

Ante esta situación, visitó a un practicante de buen feng shui. Éste, de inmediato, relacionó su mente sobreestimulada con un exceso de chi en la oficina, que daba hacia el Este. No sólo había luz fluorescente encima de su cabeza, sino que el sol entraba por su ventana desde la mañana hasta primera hora de la tarde. Por suerte, desde su ventana tenía una vista envidiable de las montañas, pero esas duras formas terrestres de carácter masculino daban demasiado yang a su despacho.

El practicante de feng shui puso una cortina traslúcida en la ventana para bloquear parte de la luz, que era excesiva, y oscurecer la vista de las montañas. Asimismo, puso una luz en la mesa. Aunque añadía luz en una oficina ya luminosa, el suave brillo dispersaba el chi con delicadeza por la habitación. El punto de luz también ayudaba a David a centrarse en el trabajo que tenía frente a él. La pantalla verde daba un toque de calma y serenidad a la habitación y la lámpara hacía que la oficina de David fuera un poco más personal. Todo esto provocó una gran diferencia en su ánimo cuando trabajaba.

Cuanto mejor llegue a comprender estas fuerzas complementarias –y las formas en que se manifiestan en cada parte de su mundo– mejor podrá conseguir el feng shui. Ello es especialmente importante para su lugar de trabajo, porque allí hay, de modo natural, muchas fuerzas yang en juego (agresión, superficies duras, luces) y debe estar alerta a la necesidad de elementos yin que creen el equilibrio universal perfecto (menos estresante).

La teoría del yin/yang es diferente de nuestra tradicional forma occidental de ver el mundo, que tiende a etiquetar las cosas como «buenas» o «malas» y a buscar respuestas de blanco o negro. La teoría del yin/yang está muy en armonía con la naturaleza siempre cambiante del universo. Deja lugar para los contrarios y siempre intenta ponerlos en equilibrio. No juzga y conduce a una visión del mundo en la que se vive y se deja vivir. Incorporar este concepto a su vida le dará ventaja en sus negocios: siempre tendrá una mayor perspectiva y una visión más amplia.

DOS

FIJARSE SUS OBJETIVOS

La mayoría de nosotros tiene que trabajar para vivir. Algunos disfrutamos con ello, por lo menos parte del tiempo. Pero incluso cuando nos gusta el trabajo, hay obstáculos a la hora de sacar el máximo partido de él: falta concentración, hay colegas difíciles, nuestra creatividad está bloqueada... Si a menudo siente que el trabajo es una lucha muy difícil, algo inevitable o un mal común, es posible que se sorprenda positivamente con los cambios que el feng shui puede llevar a su lugar de trabajo y el nivel de satisfacción que puede empezar a encontrar en su actividad.

Tómese unos minutos en este momento para imaginarse a sí mismo prosperando en su trabajo. Imagine que se siente poderoso, creativo, productivo y valorado con más frecuencia. ¡Piense en lo bien que se sentiría los lunes por la mañana!

DETERMINAR SUS OBJETIVOS

La mejor y más efectiva forma de cambiar su vida con el feng shui es saber exactamente qué desea conseguir. Solamente entonces podrá utilizar el arte y la ciencia del feng shui aprovechándolos al máximo. Este capítulo es una guía para ofrecerle las ideas básicas de cómo determinar sus objetivos.

Antes de empezar a trabajar con el feng shui y el ba-gua, debe tener una idea clara de lo que desea conseguir. Puede practicar el feng shui simplemente como una ciencia, pero si no elige un objetivo –desde conseguir un aumento de sueldo hasta empezar un negocio– y se propone deliberadamente conseguirlo, no llegará muy lejos. Como diseñador veterano y experimentado y como practicante del feng shui, Jami Lin dice que «¡la intención lo es todo!».

¿Qué es lo que más desea lograr en su trabajo? ¿Desea conseguir dinero? ¿Ansía tener creatividad? ¿O anhela disponer de más autonomía? Tal vez le gustaría desempeñar más el papel de líder. O quizá se sienta insatisfecho con su trabajo o con el cargo que tiene en su empleo, pero no está seguro de qué tipo de cambios significarían una mejora. Las posibilidades de cambiar son tan numerosas y variadas que puede resultar difícil identificar exactamente por dónde empezar.

Recoger información crucial sobre su situación laboral actual y sus objetivos le permitirá seleccionar la adaptación e intensificación del feng shui que se ajuste mejor a sus necesidades. Las adaptaciones del feng shui que tienen más éxito son muy personales, confeccionadas en el mayor grado posible según su carácter, sus aspiraciones personales e incluso sus propios gustos. Los ejercicios que encontrará a continuación le ayudarán a identificar problemas, descubrir sus deseos, concentrarse en aspiraciones y objetivos y establecer prioridades para que pueda hacer que el feng shui le dé mejores resultados.

HACER INVENTARIO

Coja una hoja de papel y divídala en dos columnas. En la columna de la izquierda, apunte las cosas que le gustan de su vida. Incluya cosas grandes y pequeñas; no se limite a su carrera profesional y no sienta reparo al añadir los placeres pequeños y también los grandes, como buenas amistades, un perro al que quiere o su talento para jugar al Trivial.

En la columna de la derecha, haga una lista de todas aquellas cosas de su personalidad que desearía mejorar. Si no está satisfecho con su trabajo, sea específico (no le gusta su jefe, el trabajo es aburrido, no ve una oportunidad para avanzar, etc.). Hágalo deprisa al principio, para que sus respuestas surjan lo máximo posible de su inconsciente. No se juzgue a sí mismo mientras escribe. Guarde la lista en algún lugar y vuelva a leerla al día siguiente; añada cosas nuevas que se le vayan ocurriendo. Lleve la lista consigo: utilícela como punto de lectura. Le ayudará, informará y dirigirá a la hora de decidir qué desea cambiar realmente en su vida profesional.

EJERCICIOS DE CALIDAD DE VIDA

Repase rápidamente las listas que vienen a continuación, intentando dar la respuesta más honesta. Cuando termine cada lista, compruebe su puntuación al final. Anote lo que ha aprendido de los resultados de la puntuación de cada lista. Compare estas observaciones con la lista a dos columnas que creó en el ejercicio anterior.

Empezará a ver cómo emerge un patrón que le ayudará a centrarse en temas importantes y a desarrollar prioridades para los cambios que desea realizar.

ENTORNO FÍSICO La intención de este ejercicio es descubrir qué cambios ordinarios debería hacer quizá antes de empezar a mejorar el feng shui de su área de trabajo.

Responda sí o no:

• 1. Cuando llego a casa, me gusta lo que veo.

• 2. Mi mesa/lugar de trabajo me ayuda a ser productivo.

• 3. Me siento cómodo físicamente mientras trabajo.

• 4. Mi área de trabajo tiene objetos personales que son importantes para mí.

• 5. Soy organizado y controlo los papeles y otros objetos que necesito para mi trabajo.

Si ha respondido que no a una sola de las frases, su primera prioridad es hacer algunos cambios estrictamente prácticos en su entorno físico. Debe estar alerta a condiciones incómodas, mala iluminación u obstrucciones físicas. Lea también la sección sobre desorden del capítulo 4.

ENTORNO PSICOLÓGICO Nadie se siente igual todos los días, así es que elija la respuesta que le parezca más acertada para la mayor parte de las ocasiones. Intente responder a estas afirmaciones lo más rápida y honestamente posible.

Responda sí o no:

• 1. Cuando la gente entra en mi oficina/área de trabajo, a menudo dicen que se sienten bien allí.

• 2. Mientras trabajo, puedo concentrarme y trabajar bien.

• 3. Me siento competente realizando mi trabajo.

• 4. Me encuentro seguro cuando me enfrento a nuevas tareas.

• 5. Las relaciones con mis compañeros de trabajo suelen ser positivas.

• 6. Tengo buena relación con mi jefe.

• 7. Normalmente, en el trabajo me pasan las horas deprisa.

• 8. Mi trabajo normalmente recibe el reconocimiento merecido.

• 9. Los trabajos que me encargan me interesan y estimulan.

• 10. Tengo libertad de hacer mi trabajo como yo considero oportuno.

Si ha respondido que no en más de tres de las afirmaciones anteriores, tiene serios problemas de feng shui en su actual oficina. Necesita identificar y corregir la energía negativa que le rodea. Algunos de esos cambios serán trascendentales, más sutiles e intuitivos, pero no menos importantes que los cambios prácticos que haga para organizar su entorno físico.

Después de haber mirado sus áreas de satisfacción o infelicidad y haber empezado a formularse una idea de lo que desea conseguir, observe atentamente su entorno. Salga fuera del edificio donde trabaja. Colóquese delante de la puerta principal, camine lentamente hacia ella y crúcela; entre en el edificio y luego salga. Mientras camina, esté atento a su sentido intuitivo del flujo de energía. Eso hará dos cosas: dibujará el camino del chi por el edificio y le mostrará cuáles son las áreas con más tránsito.

Empiece apartando los obstáculos que encuentre en el camino del chi. ¿Hay algún mueble que bloquee el flujo del chi cerca de la puerta? ¿Tiene archivadores o grandes estantes para libros que impidan que el chi fluya hacia lugares importantes? Tal vez su propio despacho tenga archivadores amontonados en medio del paso de forma que impiden la libertad de movimiento día a día (y, en consecuencia, también son un obstáculo para alcanzar sus metas).

Es posible que no se haya dado cuenta de estas cosas antes porque está acostumbrado a verlas y a caminar cerca de ellas. Pero aunque no sea consciente normalmente, sin duda están obstaculizando el éxito de su carrera y su propio bienestar personal.

Vacíe los estantes, mueva el archivador, despeje esos montones de papeles que están sobrecargando o bloqueando su crea-

EJERCICIO SOBRE EL CAMINO DEL CHI

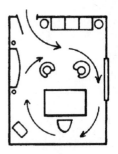

La disposición de su oficina debería permitir que el chi fluya libremente

tividad. Cuando haya limpiado el camino –tanto física como psicológicamente– estará listo para empezar a planificar su futuro. Encontrará explicaciones sobre cómo hacerlo en la sección sobre desorden del capítulo 4.

EL FUTURO

Los cambios y modificaciones que haga para mejorar su situación actual tendrán también un impacto sobre su futuro. Esta sección dirigirá sus ideas un poco más allá.

Marque una o más opciones:

Dentro de cinco años, me gustaría:

- 1. Trabajar en otro sitio diferente que yo imagino.
- 2. Estar en un lugar de mayor responsabilidad dentro de mi línea de trabajo actual.
- 3. Trabajar en mi casa.
- 4. Quedarme en casa con mis hijos.
- 5. No tengo ni idea de lo que me gustaría hacer dentro de cinco años.
- 6. Otra _____

Si ha marcado la afirmación 1, 2, 3, 4 o 6 ya tiene una idea clara de lo que quisiera hacer dentro de cinco años, anótelo y cuelgue su objetivo en un lugar donde pueda verlo cada día.

Si eligió la 4, tal vez debería considerar la idea de hablar con un consejero profesional. Richard Koonce, autor de *Poder profesional: 12 hábitos decisivos para llevarle de donde está a donde quiere estar*, recomienda acudir a los consejeros profesionales como una tabla de resonancia muy importante para quien duda de las opciones laborales y las oportunidades profesionales. «Algunas veces necesitamos que alguien nos ayude a meditar sobre lo que queremos hacer en el futuro y también sobre qué habilidades y talentos podemos ofrecer», dice Koonce. Añade que este papel podría hacerlo también cualquiera que sepa escuchar y que sienta como propios los intereses de la persona a la que escucha.

Marque una de las siguientes opciones:

Para el año que viene, mi mayor prioridad profesional es tener más:

- 1. Dinero
- 2. Poder
- 3. Tiempo
- 4. Autonomía
- 5. Productividad
- 6. Creatividad
- 7. Otro _____

Compare esta respuesta con la de su objetivo para dentro de cinco años. Vea si sus ambiciones son realistas preguntándose si los dos objetivos son compatibles. Por ejemplo, si decidió como objetivo para dentro de cinco años que quiere estar en un lugar de mayor responsabilidad dentro de su línea de trabajo actual, pero ha dicho que su mayor prioridad para el año que viene es tener más tiempo para sí mismo, su ambición podría ser poco realista. O si para el futuro piensa encontrar el trabajo de sus sueños, ¿le ayuda a acercarse más a ese trabajo la prioridad que se ha marcado para el año que viene?

Los ejercicios de este capítulo son recordatorios para que escuche su voz interior. Mantenerse en contacto con lo que realmente desea –y asegurarse de que sus objetivos están en armonía, en lugar de encontrarse en un fuego cruzado– será muy positivo para su éxito con el feng shui. Recuerde que cuanto más claros tenga sus objetivos, más probabilidades tiene de que el feng shui le lleve a donde quiere llegar.

Fama
Fortuna
Festividad
Rojo
Número: 9
Fuego
Pájaros
Verano

Matrimonio
Asociaciones
Maternidad
Amarillo
Número: 2

Riqueza
Fortuna
Púrpura
Número: 4

Salud
Vida familiar
Verde
Número: 3
Madera
Dragón
Primavera

Pureza
Niños
Blanco
Número: 7
Metal
Tigre
Otoño

SUR

SUDESTE

SUDOESTE

ESTE

OESTE

NORESTE

NOROESTE

NORTE

Conocimiento
Inteligencia
Éxito escolar
Turquesa
Número: 8

Viajes e intereses
fuera del hogar
Paternidad
Gris
Número: 6

Carrera
Éxito en los
  negocios
Muerte
Negro
Número: 1
Agua
Tortuga
Invierno

TRES

FUNDAMENTOS
DEL BA-GUA

El ba-gua es una de las herramientas más útiles de que dispone-
mos para crear cambios positivos y transformar nuestra vida con
el feng shui. El secreto para utilizarlo es conocer sus características y aprender a ponerlas en práctica inteligentemente con el fin
de conseguir nuestros objetivos.

El ba-gua es un diagrama octogonal (el término chino «ba-
gua» significa «de ocho caras») que muestra ocho puntos cardinales. Cada punto cardinal gobierna un aspecto diferente de la
vida: profesión, sabiduría, salud, riqueza, fama, matrimonio, hijos y gente que le ayuda. Estos aspectos de la vida están influidos
por determinados factores universales: los cinco elementos fundamentales, los colores, las estaciones, los números y los animales celestiales. En el centro del diagrama ba-gua está el tai chi, el
símbolo del yin y el yang dentro de un círculo. Representa la
entereza y es un recordatorio de que el equilibrio es esencial.

DIRECCIONES CARDINALES

Si conoce las direcciones cardinales, sus características y sus esferas de interés, podrá hacer adaptaciones positivas para remediar situaciones desfavorables y fomentar las áreas que le ayudarán a conseguir sus objetivos.

SUR Fama (o reputación), fortuna y festividad están gobernadas por el Sur. Esta dirección se considera tan importante y beneficiosa que los chinos ponen el Sur en la parte superior de sus brújulas. Siempre verá los diagramas de feng shui con el Sur arriba. La estación del Sur es el verano; su color, el rojo; su número, el 9; su elemento es el fuego, y el animal del Sur es el ave fénix. Como pájaro mítico que nunca muere, el fénix está en constante recreación, alzándose de sus propias cenizas. El ave fénix vuela alto y explora el paisaje, recogiendo información; se halla siempre en el límite. Con su gran belleza, el fénix crea intensas excitaciones y ardientes inspiraciones. Representa nuestra capacidad de visión y creatividad y puede ser especialmente importante en el lugar de trabajo. Como el fénix que surge de las cenizas, a partir de un papel en blanco usted puede crear un plan empresarial visionario, una eficaz carta de márketing directo o un presupuesto que defina su negocio del futuro.

NORTE El Norte gobierna el éxito en la carrera y los negocios, es una de las direcciones principales para conseguir sus objetivos. La estación del Norte es el invierno; su color, el negro; su elemento, el agua; su número, el 1, y su animal, la tortuga que, con su gran caparazón protector, se caracteriza por su estabilidad, seguridad y longevidad. El lugar adecuado para la tortuga es detrás suyo, desde donde le libra del miedo a un ataque por la retaguardia.

ESTE Esta dirección gobierna la salud, el crecimiento y la vida familiar. Su estación es la primavera, sus colores, el verde y el azul claro. Su elemento es la madera; su número, el 3, y su animal es el poderoso e inspirador dragón. Como el fénix, el dragón tiene una vista aguda y posee gran calidad espiritual. Mientras el rápido fénix recoge información, el dragón la recibe y la sopesa; luego toma decisiones vitales. Conocido por su sabiduría, el dragón es extremadamente poderoso.

OESTE Los niños, la suerte de los niños y la creatividad están gobernados por el Oeste. Su estación es el otoño; su color, el blanco; su elemento, el metal; su número, el 7, y su animal, el feroz tigre blanco. Criatura poderosa y a veces peligrosa, el tigre puede ser también un maravilloso protector. De la misma manera que está siempre alerta del peligro, el tigre es capaz de volverse peligroso de repente si no está suficientemente controlado. En realidad, el tigre representa la posibilidad de la violencia en la naturaleza humana. ¡Pero un tigre bien controlado podría ser su mejor amigo cuando entre con paso airado en su próxima sesión presupuestaria!

SUDESTE Aunque la mitad de los puntos cardinales del ba-gua influyen sobre la riqueza de algún modo, el Sudeste es la fuerza más poderosa y más directamente asociada con las riquezas. Ello posiblemente se remonte a los primeros días del comercio de la China con sus socios de la costa del sudeste asiático. El número 4 y el color púrpura (asociado con el lujo) corresponden a esta dirección.

SUDOESTE Esta dirección cardinal gobierna las relaciones, el matrimonio, las asociaciones y la maternidad. Active este sector si está interesado en obtener un socio en sus negocios o reforzar una relación empresarial. El color del Sudoeste es el amarillo y su número es el 2, como en las parejas. La tierra es su elemento.

NORESTE ¿Desea ampliar su base de conocimientos, mejorar su concentración y sus habilidades intelectuales? Busque entonces ayuda en esta dirección. El verde del crecimiento y el azul de las nobles aspiraciones se combinan para hacer del turquesa el color operativo en esta dirección. El número 8 corresponde al Noreste. En chino, la palabra que significa ocho suena igual que la que significa prosperidad, por lo que se cree que trae suerte.

NOROESTE Si se siente atraído por lugares lejanos e intereses que le llevan lejos de su esfera doméstica, cultive el área noroeste de su oficina. Si desea expandir su empresa para convertirla en nacional o global, ponga intensificadores feng shui especiales en el área noroeste de su oficina. Esta dirección también gobierna la paternidad, los benefactores y mentores y otras personas que le podrían ayudar. Su color es el gris y su número, el 6.

ELEMENTOS

Según la filosofía china, toda la naturaleza está formada por los cinco elementos fundamentales (fuego, agua, madera, metal y tierra). Estos cinco elementos representan el poder de la naturaleza, su compleja interdependencia y su frágil equilibrio lo cual fue comprendido por los primeros campesinos chinos que se apercibieron del feng shui, igual que lo entienden los trabajadores contemporáneos que dependen de la naturaleza para el éxito de sus empresas. Pero la mayoría de los que trabajamos en ambientes urbanos y metropolitanos tendemos a olvidar la poderosa fuerza de la naturaleza y podemos terminar sintiéndonos en desequilibrio con el universo. Esto normalmente se produce sólo en el plano del subconsciente y nos hace sentir incómodos, insatisfechos, desesperados o frustrados. Cuando se utilizan conscientemente los cinco elementos en nuestra decoración con feng shui, recuperamos el equilibrio, empezamos a sentirnos más fuertes y tenemos más control sobre nosotros mismos.

Comprender un poco cómo interactúan los cinco elementos le permitirá ser un practicante de feng shui más hábil. Mezclar, separar y disponer los diferentes elementos en puntos cardinales adecuados es uno de los métodos básicos para mejorar o reparar el feng shui de su oficina o de su casa.

Los elementos interactúan en un ciclo que puede ser creativo o destructivo, por ello la forma en que los utilice en su oficina o lugar de trabajo tendrá consecuencias en el éxito de sus esfuerzos.

En el ciclo creativo: la madera que quema alimenta el fuego; las cenizas del fuego producen tierra; la tierra produce minerales (metales), que por condensación en su superficie crean agua; el agua a su vez nutre las plantas y los árboles, y de éstos se extrae madera.

En el ciclo destructivo: el agua apaga el fuego, el fuego funde el metal, el metal corta la madera, la madera toma nutrientes de la tierra y la tierra ensucia el agua.

No hay ningún elemento que sea destructivo en sí mismo. En realidad, los cinco son vitales para nuestro medio ambiente. Los ciclos son importantes porque ponen a punto su entorno, asegurándose de que con una disposición destructiva no está trabajando contra sí mismo.

Por ejemplo, evite poner un acuario en una pared orientada al Sur. El elemento del Sur es el fuego y el agua anularía su efectividad. Igualmente, no ponga una maceta de cerámica o un elemento de decoración de color marrón en el área norte de su oficina, porque el Norte está gobernado por el agua y un elemento de tierra podría empañar sus oportunidades profesionales.

CICLOS CREATIVOS Y DESTRUCTIVOS

Ciclo creativo

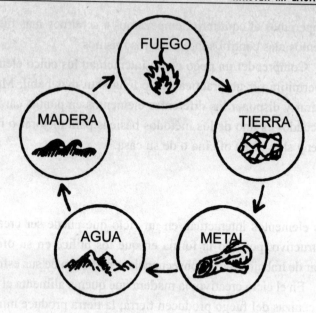

Ciclo destructivo

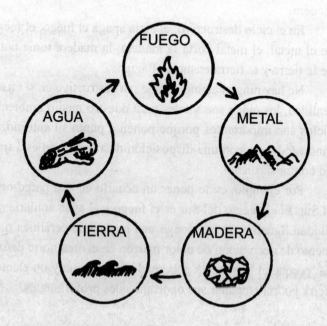

Aquí tiene algunas manifestaciones diarias y habituales de los cinco elementos y sus colores:

ELEMEN-
TOS EN
ACCIÓN

Elementos	Objetos	Colores
Fuego	Relámpagos Chimeneas Velas	Rojo
Madera	Plantas Muebles de madera	Azul y verde
Tierra	Ladrillo Teja Terracota Estuco Piedras Rocas Arena	Amarillo y tonalidades verdosas
Metal	Archivadores Ordenadores Fax Máquinas de acero Marcos de plata u oro	Blanco y tonos pastel muy claros
Agua	Acuarios Jarrones Lavabos Superficies brillantes como espejos, cristal y vidrio	Negro (cuanto más profunda es el agua, más negra es)

CUATRO

UNA MESA PARA EL ÉXITO

Piense en su mesa como en el corazón de su oficina, el área de actuación principal de su carrera. En la práctica del feng shui, la posición de su mesa es crucial para determinar la calidad de su vida –tercer elemento más importante después de la cama en la que duerme y de los fogones en los que prepara su comida–. La colocación de su cama y de su cocina influye en muchos aspectos de su vida personal, desde la salud y la felicidad hasta el éxito y la prosperidad, mientras que la colocación de su mesa es crucial para la felicidad, el éxito y la prosperidad en su vida profesional. Su mesa es su dominio, el centro de su poder, el lugar en el que piensa, escribe, hace importantes llamadas telefónicas y toma decisiones críticas. Es la plataforma de lanzamiento de su carrera profesional y debería ser tratada con el mayor de los respetos. Su ubicación puede afectar directamente a su éxito.

La atención que dedique a su mesa puede significar grandes estímulos en su vida profesional. Una superficie cuidadosamente organizada puede hacer aumentar sus posibilidades de un ascenso y, más importante aún, el sitio en el que esté ubicada la mesa dentro de la habitación puede darle o quitarle un lugar en el mundo empresarial. Esto es aplicable tanto si trabaja en un edificio de oficinas como si lleva su negocio desde un rincón de su salón.

TENGA EL OJO PUESTO EN LA PUERTA

La regla de oro para determinar la ubicación óptima de la mesa es simple: cuando esté sentado ante su mesa debe poder ver siempre la puerta. Si su espacio de oficina no tiene puerta (si trabaja en un rincón o en un área de una habitación grande), siéntese de modo que pueda ver la entrada a la habitación o la entrada a su espacio de trabajo. Si hay más de una puerta, mantenga la que se utilice con más frecuencia dentro de su campo de visión.

Si normalmente mira hacia otro lugar que no sea la puerta mientras está sentado en su mesa:

- siempre se sorprenderá cuando entre gente en su oficina y (¡aún peor!) con las cosas que le digan.
- como su espalda está desprotegida, podría ser víctima de puñaladas a traición o de peligrosas políticas administrativas. Ello puede poner su trabajo en peligro sin que usted se dé cuenta.
- incluso si es la persona más afable del mundo, podría volverse paranoico en esta situación y sus compañeros se darían cuenta.

Si no puede hacer que su mesa esté orientada hacia la entrada, cuelgue un espejo encima de ella para tener una «vista posterior» desde su asiento.

SEA DOMINANTE

Ponga su mesa lo suficientemente lejos de la puerta para que pueda tener dentro de su campo de visión la mayor parte de la habitación. Ésta es la posición dominante. Si está demasiado cerca de la puerta (y mantiene la vista puesta en ella), la mayor parte de la habitación quedará fuera de su alcance. Lo que no puede ver, no lo puede controlar. Ello no significa que deba mirar constantemente por toda la habitación, pero debería poder ver el área en la que trabaja con una rápida ojeada. Con este dominio visual es más poderoso porque es consciente de su entorno y puede estar alerta para notar cualquier indicio de cambio a su alrededor y para reaccionar si fuera necesario.

La posición más favorable para su mesa consiste en colocarla en diagonal en el lado opuesto de la puerta, con su espalda contra una esquina. En este punto ideal tendrá el sólido soporte de las paredes detrás de usted. Por más agradables y codiciadas que sean las ventanas en un edificio de oficinas, una ventana detrás significa menos respaldo para sus ideas y su autoridad.

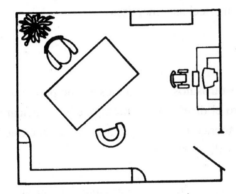

En la posición dominante tiene más control sobre su oficina y el trabajo que realiza

En la medida de lo posible, evite poner su mesa en línea directa con la puerta. Si ubica su mesa en el camino de la puerta, es vulnerable a movimientos, ruidos y un sinfín de interrupciones, a la vez que también está desprotegido frente a sorpresas desagradables. Cuanto más lejos de la puerta se siente, más tiempo tendrá para prepararse frente a visitas inesperadas o no deseadas o ante cualquier otra situación difícil que se presente de repente.

La mayor amenaza en esa posición es el sha, o flechas venenosas, que entran por la puerta sin que nada se lo impida. Como los efectos negativos de las flechas venenosas pueden ser muy variados, no es posible predecir exactamente qué forma podrían

MANTÉN-GASE PROTEGIDO

tomar sobre nosotros en el trabajo. Pueden causarle cualquier clase de contratiempos: desde que se le pierdan los papeles o se le derrame el café sobre un documento importante hasta provocar desacuerdos con su jefe. Obviamente, algunos problemas serán más graves que otros. Para evitar ese tipo de inconvenientes, mueva su mesa hacia el lado opuesto a la puerta o ponga una barrera entre su mesa y ésta. Una barrera en su mesa podría ser un jarro de flores o una planta de interior espesa, un archivador o una bandeja para el correo. Si ninguna de estas opciones está a su alcance, cuelgue un espejo delante de su mesa y de cara a la puerta para desviar las flechas venenosas.

CÓMO ELEGIR SU MESA

A muchos de nosotros nos asignan mesas y no podemos dar nuestra opinión. Pero el diseño de su mesa puede significar una diferencia y hay maneras de hacer que una mesa funcione sin tener que coger el martillo y la sierra.

FORMA Las mesas cuadradas, rectangulares o curvas están bien. La mesa que debería evitar es la que tiene forma de «L». La «L» sugiere algo incompleto y reproduce la forma de una cuchilla de carnicero, con la parte corta como hoja. Una exposición constante en el extremo de «hoja» de la mesa que tiene forma de «L» puede recortar su autoridad, desconectarle de la comunicación con sus compañeros y con su jefe, provocar enfermedades físicas crónicas o desencadenar cualquier otra clase de efectos negativos.

No obstante, en la realidad muchas mesas tienen exactamente esa forma de «L», porque casi siempre se suele ocupar esta parte más corta, especialmente cuando se trabaja con un ordenador de forma habitual. En todo caso, la calidad de incompleto de la «L», junto con su sospechosa forma de cuchillo de carnicero,

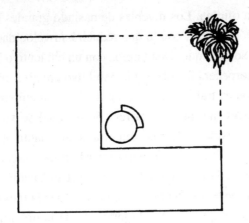

pueden corregirse llenando la esquina que permanece desocupa-
da. Si puede hacerlo sin que ello suponga para usted un estorbo,
ponga una planta, una papelera, una lámpara de pie o cualquier
objeto sólido en la parte del suelo correspondiente al área vacía.

Si ninguno de esos remedios le parece posible, aumente la
circulación del chi en su área de trabajo. Un flujo fuerte y vibrante del chi alrededor de su mesa mitigará los efectos dañinos de la
desafortunada forma de cuchillo de carnicero y del estilo incompleto de la estructura de la mesa. Para aumentar el chi, pruebe con
cualquiera de estos potenciadores: ponga un pequeño ventilador
de mesa que mantenga el chi circulando a su alrededor continua-
mente; cuelgue un cristal en el techo justo encima del punto vacío
para que refleje la luz y atraiga más chi, o ponga un pisapapeles
de vidrio o cristal en el extremo de la mesa más próximo a «la
parte que falta». El objeto de cristal o vidrio capturará la luz, re-
flejándola y enviando buen chi en torno a su mesa.

TAMAÑO La proporción es importante en el feng shui. Su mesa
debería ser lo bastante grande para que pueda trabajar cómoda-
mente, pero no tan grande que supere en proporción las dimensio-

nes de la oficina. Los muebles demasiado grandes bloquearán la circulación del chi, con lo que reducirá su velocidad y provocará que éste se estanque. Una oficina con un chi lento o bloqueado sin duda entorpecerá las ideas y la habilidad creativa de su ocupante. Incluso peor: trabajar en una habitación con chi sin movimiento puede hacer que nuestra carrera profesional se vuelva inactiva.

La consideración más importante en cuanto al tamaño de la mesa es que ésta debería representar la importancia relativa (o el poder) de cada persona dentro de la organización. Posiblemente le encantaría tener una mesa gigante, pero si la mesa de su jefe es más pequeña que la suya, la jerarquía de la organización estaría en desequilibrio y toda la empresa padecería los efectos de una falta de proporción adecuada.

Su mesa ha de tener un tamaño proporcional a la de su superior y unas medidas adecuadas a su trabajo. Una mesa debería ser lo suficientemente grande para reflejar la importancia y el poder de su ocupante, pero no tan grande que haga ver más pequeño a su propietario. Jamie Tarses, presidenta de ABC Entertainment, es un ejemplo de ello. Fue víctima de un juego de poder que amenazó seriamente su posición, porque muchos de sus superiores y colegas creían que su trabajo era «demasiado grande» para ella. No es casual que en una foto del *New York Times* ella apareciera achicada por una gran superficie bermeja. En este caso, su mesa parecía ser un lugar de trabajo poco efectivo porque la mayoría de los objetos que estaban encima quedaban fuera de su alcance (los altos ejecutivos de la ABC también consideraban que muchos aspectos del trabajo de Jamie estaban fuera de su alcance).

MATERIAL Una vez haya puesto su mesa en el lugar adecuado, observe en qué posición se encuentra, según la brújula, para ver si puede hacer que los elementos trabajen a su favor. Si a su ubicación adecuada lo permite, también podrá sacar beneficios al hacer coincidir los elementos de su mesa con el área cardinal en la que ésta se encuentra. Ubicar su mesa de madera en el sector este de la habitación, estimulará el crecimiento, por ejemplo; desplazar su mesa metálica hacia el lado oeste de su oficina, ayudará a impulsar su pensamiento creativo.

Una advertencia: no exceda sus acciones poniendo la mesa en un sector concreto de la brújula, a no ser que esa posición funcione bien con las reglas de colocación de la mesa. El lugar donde se encuentra la mesa dentro de su oficina es mucho más importante que el punto de la brújula en el que está.

No se preocupe, por ejemplo, si las reglas de colocación exigen que su mesa metálica se ponga en la pared este de su oficina. Es verdad que esa disposición podría estimular un ciclo destructivo de los elementos, haciendo que el metal de la mesa corte sus oportunidades de salud y crecimiento. Pero esto puede remediarlo haciendo que funcione el ciclo creativo. (¡Recuerde: todo es cuestión de equilibrio!) Ponga agua –¡quizá una pecera, una foto del océano o algo azul!– en el área de su mesa para contrarrestar los problemas que pudiera ocasionar la ubicación. En el ciclo creativo, el elemento agua nutrirá la madera que el Este representa y al mismo tiempo nutrirá sus esfuerzos.

DESORDEN EN LA MESA. ¿POR QUÉ ES MALO Y QUÉ HACER CON ÉL?

¿Es usted una de aquellas personas que amontonan papeles, archivos, libros y revistas encima y alrededor de su mesa, con el vago propósito de que, de algún modo, algún día, los hojeará? No puede tener un proceso de ideas ordenado –o creativo– si está constantemente rodeado de «cosas». Y no aprovechará los beneficios del flujo productivo del chi si todos esos montones, pilas, archivos, etc., están bloqueando su camino.

Si una oficina desordenada le quita energías y concentración porque su mente está constantemente distraída por el desarreglo, será necesario que limpie su mesa y todas las áreas desordenadas de su alrededor. En su libro *Domando al tigre de papel*, la gurú organizativa Barbara Hemphill lo describe de esta forma: «Una mesa desordenada indica una serie de decisiones pospuestas».

Es muy difícil concentrarse en el proyecto en el que se está trabajando si las distracciones de decisiones pendientes compiten constantemente por nuestra atención. Pensará que no le importa, pero se sorprendería del impulso que podría conseguir si saca esos obstáculos y permite a su subconsciente relajarse y concentrarse en el tema que tiene entre manos. Y, claro está, tendrá el incentivo de un flujo llano y constante del chi, moviéndose a su alrededor de un modo beneficioso para su vida.

Empiece a pensar que ordenar en su mesa es uno de los elementos importantes para conseguir éxito y prosperidad. Recuerde un principio básico del feng shui: cuando se controla el entorno de forma positiva, se estimula el buen flujo del chi, lo cual a su vez tiene un efecto beneficioso en todas las áreas de la vida.

Intente dedicar hoy sólo media hora a hojear los montones de papeles que tiene sobre su mesa. Guarde o tire todo lo que pueda. Pero no destine más de media hora a ello y no deje que esta tarea le abrume: mañana será otro día. Después dedique otra media hora a ordenar los archivadores y organizar otros «desórdenes que haya por el suelo», tirando todo lo que no necesite o no utilice. En los días siguientes, dedique otra media hora a ordenar sus papeles, y así hasta que haya eliminado los montones. Con este método, probablemente no tardará más de una semana en abrirse camino entre el desorden. Si lleva a cabo esta tarea en sesiones de media hora, no se sentirá abrumado por el trabajo; hacerlo en intervalos más pequeños le permitirá no quedarse atrás en las tareas inmediatas de su trabajo diario.

Entonces, ¿cómo decidir qué tiene que dejar encima de su mesa?

Ésta es, por supuesto, una decisión personal. Pero las reglas de oro de los expertos en organización de oficinas son:

- Los artículos que utiliza diariamente deben hallarse sobre la mesa. Ordenador, bloc de notas, bolígrafos, manuales de consulta y disquetes pueden quedarse, junto con cualquier otra cosa que forme parte de su trabajo habitual.

- Puede guardar en el cajón de su mesa otros artículos que utilice con menos frecuencia o que no necesite tener delante de usted (la grapadora, el celo, los clips, los pañuelos de papel, etc.).

- No utilice su mesa como almacén para los recambios; deje sólo algunos bolígrafos y un bloc de notas. Guarde la caja de bolígrafos y el paquete de blocs, sobres, rollos de celo y cajas de grapas en un armario.

- Siguiendo la misma norma, no coloque objetos donde no alcance a cogerlos. Por ejemplo, no debería tener que mover una pila de carpetas y abrir una caja para poder sacar el papel con membrete.

- Tenga siempre únicamente un proyecto sobre su mesa. Guarde las otras carpetas y papeles para cuando empiece a trabajar con ellos.

- No deje las facturas de la casa en su mesa de trabajo; no guarde catálogos o revistas de vacaciones y otros objetos personales donde puedan suponer una distracción. Esto es especialmente importante si trabaja en casa, donde puede sentir fuertes tentaciones de mezclar los negocios con los papeles personales.

- Si le preocupa tirar algo que después puede volver a necesitar, busque una papelera de cosas «para guardar».

Vacíela sólo al cabo de unas semanas. De ese modo, podrá recuperar algo si decide que lo necesita. Pero, entretanto, esos papeles no se amontonarán sobre su mesa.

La organizadora profesional Ilise Benun sugiere que nos hagamos estas preguntas con cada papel que guardemos o tiremos:

- ¿Realmente lo necesito?
- ¿Cuál es el siguiente paso?
- ¿Cuándo me va a hacer falta?
- ¿Dónde lo buscaría? (No: ¿Dónde debo ponerlo?)

Una vez arreglado el desorden de su mesa, se puede decir que literalmente ha despejado el camino. Ahora el chi positivo, potente, puede fluir libremente alrededor de usted, dándole más energía, inspiración y poder. Como incentivo extra, podrá encontrar lo que busca más fácilmente. El resultado será menor frustración y mayor creatividad y productividad.

Ahora que ha despejado su mesa de papeles, archivos innecesarios, notas... en fin: simple basura, ya está preparado para el siguiente paso, que consiste en utilizar el ba-gua y sus elementos para crear una variedad de formas de potenciar el feng shui en su mesa de trabajo.

EL BA-GUA Y SU MESA DE TRABAJO

El diagrama de ba-gua puede sobreponerse a cualquier superficie (desde un edificio completo hasta un mostrador o una mesa). Es posible aplicar el ba-gua a su despacho en conjunto; sin embargo, vamos a centrarnos en su mesa de trabajo. Piense en ella como si se tratara de un entorno en miniatura, que puede ser analizado y mejorado con la ayuda del diagrama.

Con la práctica del feng shui, va a convertir su mesa de trabajo en una obra de arte que simbolizará sus sueños y que le permitirá trabajar para hacerlos realidad. Así como el desorden que había sobre su mesa hablaba negativamente de usted, las mejoras que llevará a cabo dirán cosas positivas de usted y de su carrera. Y le van a parecer, al mismo tiempo, encantadoras, tranquilizadoras e inspiradoras.

Tome una brújula para ver dónde están el Norte y el Sur en relación con su mesa de trabajo. Una vez los haya localizado, coja el diagrama de ba-gua de la página 38 y observe en qué lugar están las ocho áreas de la vida de acuerdo con la ubicación de su mesa de trabajo.

Ahora ya sabe qué parte de su mesa corresponde a sus objetivos y aspiraciones especiales. Medite por algún momento sobre sus dos principales prioridades (según la reflexión del capítulo 2). Recuerde que no debe excederse trabajando para conseguir demasiados objetivos al mismo tiempo. Mientras piensa claramente en sus metas, decida dónde le gustaría poner algunos objetos especiales: elementos únicos concentrarán el poder del feng shui en las áreas más importantes para usted.

Estos objetos pueden ser algo que compre especialmente para utilizar como intensificador del feng shui: por ejemplo, una pequeña tortuga de ébano o un pisapapeles de cristal. Sin embargo, también sus objetos personales y las cosas que guarda tanto encima como alrededor de su mesa serán potentes intensificadores del feng shui. Las fotos de familia en marcos de madera o metal, los sujetalibros, las esculturas, los pisapapeles, el «arte encontrado» como piedras o conchas, etc., los méritos profesionales como certificados, placas, trofeos... cualquier cosa que disfrute mirando o a la que se sienta personalmente apegado puede ser utilizada con gran efecto porque convierte la superficie de su mesa en un entorno de trabajo ba-gua.

Por ejemplo, imaginemos que su mesa está colocada en dirección Sur. Eso significa que la superficie directamente opuesta es el área sur del ba-gua, que gobierna la fama y la fortuna. Pero la fama no es sinónimo de celebridad instantánea. No todo el mundo está interesado en conseguir el tipo de atención al que Andy Warhol aludía cuando predijo que todos tendríamos nuestros quince minutos de fama. Mucha gente preferiría ser reconocida por su talento o sus logros, por conseguir nuevos clientes a través de recomendaciones verbales o por ser entrevistado en la televisión o en la radio como especialista en su área de trabajo. Si ha puesto sus ojos en un ascenso o en un encargo especial, el hecho de mantenerse muy activo aumentará sus posibilidades. Éstas son sólo algunas de las ideas positivas que puede tener en cuenta al intensificar el área de la «fama» de su mesa u oficina.

Para potenciar el sector de la «fama» de su mesa, elija algo rojo porque ése es el color del Sur. O ponga una lámpara atractiva, que represente el fuego, el elemento del Sur. Podría incluso colocar en ese punto un cuadro importante, un premio o un diploma –algo atractivamente enmarcado que le recuerde sus logros o su buena reputación–. Considere la posibilidad de utilizar para ello un fondo o marco rojos.

El Sudoeste es el área de las relaciones, las asociaciones y el amor. Si uno de sus objetivos prioritarios es tener mejores relaciones con sus compañeros de trabajo, mejorar la relación con su jefe o encontrar un socio para una aventura empresarial que tiene en mente, cree intensificaciones correspondientes a esta dirección. Utilice el color amarillo y el número 2 en esta parte de su mesa del modo que mejor le parezca. Un jarro con dos tulipanes amarillos será precioso, pero podría incluso utilizar algo tan básico como un par de lápices estándar del número 2 para dar fuerza a sus ambiciones.

El Oeste es el área de los hijos, aunque no hace referencia sólo a los hijos sino también al niño que lleva dentro con todos sus poderes creativos. Realce estos poderes con un elemento de metal o de color blanco, como un portaminas de plata o cromado.

Intente que se trate de algo simbólico o que traiga a su mente recuerdos que despierten su creatividad. Podría tratarse incluso de un dibujo o de una fotografía especial que haya tomado usted (o uno de sus hijos). Para sacar provecho del elemento al mismo tiempo que del color, coloque algo realizado por su hijo en un marco de metal blanco.

El Noroeste gobierna tanto los viajes como la gente que le puede ayudar (mentores, por ejemplo). Debra Baer, una periodista que conozco, guarda su agenda en este punto para, de esta manera, recibir más encargos de trabajo nacionales e internacionales. Hasta el momento, ha conseguido un viaje a Italia: le encargaron un artículo periodístico sobre la actividad de varios tallistas de piedra en el pueblo de Pietrasanta. Cualquier cosa relacionada con los viajes puede potenciar este aspecto propio del Noroeste: un recuerdo, una postal, su libreta de direcciones o el calendario de citas: estos objetos resultarán especialmente efectivos si son de color gris. Para aumentar las relaciones con sus mentores, coloque en el Noroeste la fotografía de una persona importante que le haya ayudado. Asimismo, se trata de un lugar magnífico para poner una cita textual de uno de sus héroes o mentores. Un matemático amigo mío, que admira a Arquímedes, había colocado en la esquina noroeste de su mesa su cita «Dame un punto de apoyo y moveré el mundo» escrita con hermosa caligrafía, en un marco de plata mate (gris). Yo tengo siempre el teléfono en ese lugar para aumentar el número de personas consideradas y con buenas intenciones que me llaman.

Imaginese a sí mismo mirando al Sur dentro del octógono del ba-gua: a sus espaldas queda el Norte, el área de su éxito en la carrera y los negocios. Si tiene un estante para libros, una mesa o un mueble detrás de la silla de su escritorio, dispone del espacio perfecto para crear cuantas intensificaciones del feng shui desee su éxito en los negocios. El negro, color correspondiente al

Norte, es bueno incluso en los entornos de negocios más conservadores. Una tortuga negra será especialmente adecuada, quizá una figurilla de piedra de ébano. Éste es el animal del Norte y puede llegar a ser un protector excelente, que se mantenga en guardia y le defienda de posibles ataques. Sea como sea, cualquier elemento negro que elija servirá en esta área. Si no tiene una mesa o superficie en la que colocar estos objetos puede resultarle útil enmarcar una foto en blanco y negro y colgarla en la pared norte.

El Noreste, simbolizado por el color turquesa, es el área del conocimiento y de la inteligencia. Si tiene un objeto muy significativo de ese color, deberá ponerlo aquí, aunque la sección noreste de su mesa puede ser también un buen lugar para colocar sus libros de consulta, el material de un proyecto en realización o cualquier cosa en que esté trabajando, que requiera un conocimiento o una inspiración especiales. Éste es también el punto adecuado para cualquier cosa que represente nuevos conocimientos o tareas autodidactas. ¿Ha estudiado últimamente una nueva lengua? ¿Se ha incorporado a un grupo de inversiones? ¿Ha aprendido a navegar por la World Wide Web? Cualquier objeto significativo que simbolice un logro de este tipo ejercerá una influencia positiva si lo coloca en el área noroeste. Cuanto más celebre sus logros pasados con potenciadores de feng shui, mayores posibilidades interesantes estará abriendo para su futuro.

El área Este de su escritorio es el de la salud, el crecimiento y la familia, representados por la madera y el color verde. Una planta es perfecta en este espacio porque representa el verde, la madera y el crecimiento: además, aportará una interesante dosis de buen chi, que acompaña a todas las cosas vivas. Si sus aspiraciones requieren un crecimiento o si necesita mejorar su salud, coloque una planta verde llena de salud en el lado Este de su escritorio o en el suelo. Y si realmente quiere hacer algo espec-

La directora de recursos humanos Jane Sefret, que trabaja en la actualidad para una gran organización relacionada con la salud, siempre ocupó puestos de trabajo razonablemente buenos dentro de su especialidad, pero le preocupaba su historial de frecuentes cambios de empleo. Cada dos o tres años se encontraba buscando un nuevo trabajo. Como sabía que era competente y responsable, estaba preocupada por el hecho de que siempre que su jefe hacía una reorganización o una reducción de personal (lo cual ocurría a menudo en los ochenta) ella era la primera en ser despedida.

Tras hablar con un amigo que practica el feng shui, Jane se dio cuenta de que siempre se había ocupado ella misma de organizar su despacho en general y de ubicar su mesa de trabajo en particular. Elegía sentarse cerca de la puerta, pensando que de este modo estaría más disponible para los empleados a su cargo. Pero para compensar el hecho de sentarse tan cerca de la puerta, Jane también solía girar su mesa de espaldas a aquella. Eso significó tres puntos en contra en cada lugar en que trabajó: Sentada demasiado cerca de la puerta era menos poderosa; el hecho de estar en línea directa con la puerta permitía que el sha (flechas venenosas) la atacara; y, más importante todavía: al dar la espalda a la puerta de la oficina quedaba indefensa ante las políticas administrativas y fuera de juego cuando se tomaban decisiones importantes.

Por consejo del amigo que practicaba el feng shui, Jane hizo un cambio muy sencillo en la disposición de su oficina, moviendo su mesa para que estuviera cara a la puerta lo que posibilitó que pudiera sentarse en diagonal en el lado opuesto a la entrada. Hace cinco años que se mantiene en el mismo lugar de trabajo y recientemente la nombraron responsable de un programa de tutoría para nuevos empleados. Una de las primeras cosas que hace es ayudarles a colocar sus mesas.

tacular, elija el dragón, el animal celestial más importante del feng shui. Si puede conseguir un símbolo discreto del dragón para ponerlo en el lado Este de su escritorio, estará invitando el poder y la sabiduría de esta criatura a que entren en su oficina para que le guíen cada día.

Si desea conseguir un aumento de salario, generar más flujo de dinero, ahorrar o reunir dinero para una causa especial... en fin: si tiene algún objetivo económico concreto, entonces concéntrese en el área Sudeste (riqueza) de su escritorio. Si la riqueza o el poder están entre sus primeros objetivos, busque el elemento rojo o púrpura que mejor se adapte en este sector. Como el número 4 se relaciona con esta dirección, un pequeño ramo de cuatro de sus flores rojas o púrpura favoritas (tulipanes, iris, claveles, rosas) funcionará a la perfección. Si las flores no le resultan prácticas, ponga en este punto un elemento que sea adecuado, tanto por su precio como por su valor.

Un pisapapeles de cristal atraerá más chi al área; una moneda especial, una caja de clips o un bloc de notas de color rojo o púrpura son buenas elecciones. Un marco rojo o púrpura con un dibujo que simbolice su objetivo actuará en varios niveles: será un intensificador directo al tiempo que le recuerda la necesidad de mantener su «incentivo» en mente.

No se complique a la hora de potenciar el ba-gua: los objetos que use con esta finalidad no deben ocupar demasiado espacio en su escritorio. Si un potenciador estorba o le molesta por la razón que sea, no lo utilice. En caso de que no pueda poner elementos especiales sobre su mesa del modo adecuado, no se preocupe. En los capítulos siguientes va a encontrar otras sugerencias para crear prácticas y poderosas potenciaciones del feng shui.

DEL CUBÍCULO AL DESPACHO DE LUJO: BUEN FENG SHUI PARA CADA ESPACIO DE TRABAJO

No importa que trabaje en un cubículo minúsculo o en un despacho espacioso, frente a una caja registradora, ventanilla o enfermería: en todos los casos podrá crear un entorno que realce sus dones naturales y le impulse hacia el éxito en el campo que elija.

Es posible que no haya podido participar en el diseño de su espacio de trabajo; tal vez no se sienta confortable porque está abarrotado, resulta deprimente o simplemente no se halla adecuado a sus necesidades. A parte de tener que soportar las consecuencias puramente prácticas de una zona mal organizada, también estará luchando contra el mal feng shui. Si siente que su entorno es desagradable, no cabe duda de que el feng shui es malo y de que no va usted a proporcionar su máximo rendimiento.

No importa el lugar en que trabaje o lo estricto que sea su reglamento de funcionamiento interno: siempre hay formas de aumentar el nivel del chi y de crear una cierta armonía y equilibrio en el entorno. Al poner en práctica el feng shui en su lugar

de trabajo, también estará desarrollando una actitud activa frente al control de su propio destino y a la orientación de su carrera.

Para comprobar el feng shui general de su lugar de trabajo, salga fuera del edificio y mire a su alrededor para comprobar la calidad general del feng shui de ese lugar. Póngale buenas notas si se trata de un área donde hay muchos negocios prósperos, porque el éxito es en sí mismo un indicativo de buen feng shui. Añada más marcas en la columna de los elementos positivos si hay árboles que rodean al edificio o si hay una fuente cerca o en la entrada. Los árboles, el agua y la energía de otros negocios prósperos contribuirán al buen feng shui de su lugar de trabajo. Pero debería también buscar con atención posibles fuentes de sha o flechas venenosas. Concretamente, inspeccione si su edificio tiene uno de estos cuatro problemas potenciales:

FUERA DEL EDIFICIO

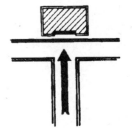

- 1 ¿Está situado al final de una calle sin salida o en una intersección en forma de «T»?

Éste es un mal feng shui porque el sha se lanzará con fuerza por la calle principal y entrará en su edificio, lo que ocasionará mala suerte, enfermedad o problemas en los negocios a aquellos que estén dentro. Podrá bloquear el sha construyendo una pared de retención o plantando arbustos o setos vivos. Si ello no es posible, coloque un pequeño espejo que no moleste en la parte superior de la fachada del edificio para desviar el sha.

- 2 ¿Hay postes de teléfonos, farolas o cantos agudos de edificios cercanos que dirijan flechas venenosas hacia el suyo?

Suponiendo que no tenga la posibilidad de bloquear esos ángulos peligrosos con paredes o árboles, intente, en la medida de lo posible, ubicar su oficina lejos de la parte del edificio que recibe con más potencia el sha. Su mejor apuesta será utilizar los recursos descritos en el punto anterior: poner un pequeño espejo en la parte exterior del edificio para desviar las flechas.

- 3 ¿Hay edificios extremadamente altos alrededor de aquel en el que trabaja?

Los edificios altos empequeñecen al suyo, por lo que pueden bloquear su chi y el buen espíritu que lo rodea. ¿Es posible crear un jardín en el terrado con árboles y plantas altos? El jardín no tiene que ser tan alto como los edificios de su alrededor; simplemente atraerá una del chi saludable que se halla en la atmósfera y lo mantendrá en movimiento alrededor de su edificio. Si no es posible hacer un jardín en el terrado, asegúrese de disponer mucha luz clara en su propia oficina, mediante ventanas o lámparas; compruebe también que la disposición del mobiliario permita al chi circular libremente.

- 4 ¿Qué forma tiene su edificio?

Al igual que ocurre con su mesa, la forma geométrica más favorable para un edificio es la cuadrada, rectangular o –mejor aún– suavemente curva. No fue casualidad que el nuevo gobernador general de Hong Kong eligiera el Centro de Finanzas de Asia Pacífico, de figura semicircular, como lugar para su oficina. Una oficina o edificio en forma de «L» son desfavorables porque esa forma sugiere que falta algo (probablemente ingresos en la cuenta). Podrá corregir esa forma desfavorable «llenando» la esquina que falta. Si tiene permiso para hacerlo, ponga una planta, un mástil, una luz, una gran piedra decorativa o cualquier otro objeto lo bastante sólido en el área vacía para que represente esa cuarta esquina. Si no puede realizar esas modificaciones en el exterior del edificio, remedie la situación colocando un espejo en el ángulo opuesto al de la «L», para que refleje y cree en modo figurado la zona que falta. Ello hará que el área se integre en la parte principal de la habitación o el edificio. Así estará trabajando en un lugar «completo», con posibilidades económicas firmes.

La práctica de colgar espejos en la fachada de edificios es muy común en Hong Kong y en los distritos chinos de oficinas en los Estados Unidos. Podrá observarlo si pasea por los barrios en los que se llevan a cabo los negocios chinos. La próxima vez que pase por uno, eleve la vista y observe los tejados de los edificios. A menudo verá pequeños espejos octagonales que relucen. Después, mire al lado opuesto del espejo para ver si puede encontrar un motivo para ello. A menudo verá un poste de teléfonos, una farola o una esquina sobresaliente que disparan flechas venenosas hacia el edificio en cuestión.

UBICACIÓN DE LA OFICINA

Si puede permitirse el lujo de disponer su oficina en cualquier lugar del edificio que usted elija, utilice el diagrama de ba-gua para seleccionar la ubicación más adecuada de cara a lograr sus ambiciones. Por ejemplo, si su objetivo es ser más creativo en el trabajo, una oficina en el lado oeste del edificio le pondrá en el área que gobierna con más fuerza la creatividad. Si está realizando una investigación, una programación informática u otras tareas específicamente basadas en el talento matemático, académico o educativo, elija una oficina en la parte noreste del edificio, porque el Noreste rige los logros intelectuales.

LA OFICINA DEL DIRECTOR

Una de las cuestiones más importantes es el éxito y la estabilidad económica de una empresa es la ubicación del despacho del director, que debería hallarse lo más lejos posible de la entrada del edificio. Es el mismo principio que gobierna la colocación de una mesa en una oficina: cuanto más lejos éste se encuentre de la puerta, mayor será su poder. En una oficina en la que hay muchas mesas, la persona que se siente más lejos de la entrada será la que tenga más poder, puesto que gozará de una vista dominante sobre toda la habitación y podrá controlar las actividades que se desarrollan y a la gente que trabaja en ella. Si un subordinado se sienta en esa posición, cabe la posibilidad de que se originen luchas de poder cuyas consecuencias afectarán a todo el mundo.

Además de la cuestión del poder puro y duro, cuando la persona responsable de la «película» en una empresa se sienta demasiado cerca de la entrada, él o ella podrá ser distraído por los detalles más nímios del día a día de una oficina. Colocar su mesa lo más lejos posible de la puerta garantiza que el jefe no será estorbado por detalles ridículos que interfieren en los temas estratégicos y la planificación a largo término. Con la perspectiva y serenidad que ofrece una oficina aislada, el director dispondrá del máximo control sobre las operaciones y sobre su propia habilidad para tomar decisiones difíciles. Dejar mucha distancia respecto a la entrada también significa que la autoridad del director será respetada porque él o ella ejerce dominio sobre el edificio.

Tung Chee-hwa, que fue el primer gobernador chino de Hong Kong cuando terminaron los ciento cincuenta años de dominio colonial británico de la ciudad el 1 de julio de 1997, es un gran creyente del feng shui; hasta tal punto que se negó a trasladarse al lugar de trabajo y de residencia existente para el gobernador general porque sintió que el feng shui del edificio era pobre. Entre otras cosas, notó que un edificio adyacente parecía dirigir flechas venenosas justo hacia el despacho del gobernador general. Tung contrató a su propio maestro de feng shui para que analizara las oficinas que él mismo acabaría eligiendo en el Centro de Finanzas Asia Pacífico. «Sólo me siento cómodo en un espacio cuando el maestro de feng shui le da su aprobación», dijo Tung.

Los pasillos largos y estrechos pueden favorecer que el chi se mueva más rápida y bruscamente, aportando los efectos dañinos del sha a todo aquel que se encuentre en su camino y, especialmente, a aquel que tenga la oficina al final del pasillo. Si su edificio tiene pasillos de este tipo, manténgalos bien iluminados, añada plantas si hay espacio y, si sospecha que el sha está causando problemas, cuelgue espejos en las paredes (o en el exterior de las puertas) a cada punta del pasillo. Las típicas dificultades causadas por el sha componen un abanico que abarca desde problemas de salud sin importancia entre los trabajadores hasta una constante locura y confusión en las transacciones empresariales.

VESTÍBULOS

ESPEJO

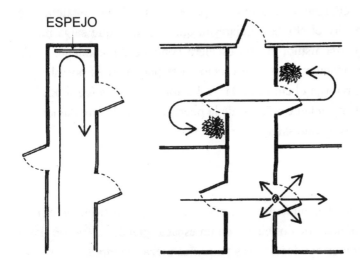

Las puertas colocadas directamente una frente a otra pueden crear rivalidad, discusiones, rencores y malos sentimientos en general entre los ocupantes de los dos despachos. No hay mucho que hacer en cuanto a la ubicación de las puertas, pero puede aumen-

PUERTAS FRENTE A FRENTE

tar el flujo de chi saludable, y mitigar el problema colocando una planta verde cerca de cada entrada. Ello también ayuda a dejar las puertas abiertas y a que se den encuentros regulares entre los ocupantes. Algunas empresas cuelgan pequeños cristales encima de cada puerta para atraer el buen chi y dejarlo que fluya dibujando patrones positivos.

ESCALERAS

Las escaleras, mecánicas o no, en línea recta con la entrada del edificio o la puerta de una oficina son altamente desfavorables. El chi descenderá rápidamente por las escaleras y saldrá del edificio o de la habitación, llevándose con él su buena suerte. Para remediarlo, cuelgue un espejo en la parte inferior de las escaleras: de este modo, el chi se reflejará, lo que impedirá que salga por la puerta. Asimismo, si una escalera conduce directamente hacia una habitación, ponga un espejo en la puerta, si es posible, para que redirija el chi hacia la habitación. Si ello no fuera posible, una planta delante o detrás de la puerta animará la circulación del chi antes de que salga.

EL CUBÍCULO

Sin duda, los cubículos son eficientes porque distribuyen el máximo número de «oficinas» en un espacio grande de trabajo. Pero los ángulos agudos de esas pequeñas piezas cuadradas como cajas, provocan la circulación de mal feng shui. No es casualidad que, incluso fuera de los círculos del feng shui, un entorno con cubículos se considere normalmente como algo deprimente y deshumanizante.

Al pensar en cubículos, Dilbert –ese desventurado personaje de la tira cómica de Scott Adams– nos viene rápidamente a la memoria. Con su corbata voladora y sus fervorosos pero fútiles intentos de encontrar un sentido a su estúpida cultura corporativa, Dilbert es la representación del hombre en el lugar de trabajo moderno.

El omnipresente cubículo es un símbolo claro de lo que preocupa a mucha gente sobre su entorno de trabajo: el aislamiento, aunque sin intimidad, y las barreras que tampoco son un espacio protegido. Para muchos, trabajar en un cubículo significa trabajar en un entorno extraño y alienante. Intuitivamente, sabe que está en presencia de un mal feng shui. Las agudas esquinas de cada cubículo y el patrón de repetición cuadrado crean un sha que dispara flechas venenosas hacia todas partes. Como saben de sobra los seguidores de la lucha diaria de Dilbert, en ese entorno nada va bien: pocas cosas funcionan según lo previsto. Lo que sus lectores no habrán observado es que Dilbert está a merced del mal feng shui de su lugar de trabajo.

DILBERT reimpreso con el permiso de United Feature Syndicate, Inc.
15/9/96 ©1996 United Feature Syndicate, Inc. S.Adams E-mail: scootadams@aol.com

A vista de pájaro, una oficina con cubículos recuerda a un laberinto para ratas, que a su vez simboliza lo que mucha gente piensa del hecho de trabajar en un entorno con cubículos. Éste es un lugar claramente diferente del de nuestros antecesores, quienes salían a trabajar a los bosques o a los campos no hace tanto tiempo. No cabe duda de que trabajar en cubículos baja la moral casi al mismo ritmo en que aumenta el espacio disponible para poner oficinas.

No se desespere. Si trabaja en un cubículo, hay cosas que puede hacer para traer equilibrio, armonía, chi saludable y buen feng shui a su entorno.

A lo mejor cuando está sentado no ve la abertura que equivale a la puerta en su cubículo. Si trabaja con un ordenador todo el día, la primera medida que debería tomar es colocar su mesa de modo que pueda, por lo menos, ver la entrada mientras está escribiendo. Si pasa la mayor parte del día absorto en el estudio de algo que no requiere ordenador, organice su espacio de tal modo que el lugar en el que lleve a cabo su trabajo le permita el contacto visual con la entrada.

Si ello no es posible, ponga un espejo de manera que pueda ver la abertura de su cubículo. Dependiendo del tamaño y del estilo del espejo que cuelgue, éste también podrá servirle para abrir visualmente el espacio en el que trabaja. El espejo capturará buen chi y lo dispersará a su alrededor. Busque un espejo interesante (no es necesario que sea grande) con un marco que incluya los elementos y colores que utilice para conseguir sus objetivos.

Sus opciones son muy diversas: piense en qué lugar debería colgar el espejo para conseguir ver la puerta. ¿En qué dirección está? ¿Coincide con uno de sus objetivos importantes? Por ejemplo, si cuelga el espejo en una pared hacia el sur, y si el objetivo dentro de su empresa es la fama o la mayor visibilidad, elija un marco tallado pintado de rojo. La madera alimenta el fuego, que es el elemento del sur, y el color rojo resulta igualmente bueno para la dirección que gobierna la fama. Un espejo tan exótico como ése añadirá también un aire distinguido a su «oficina» y verá cómo sus compañeros de trabajo se acercan para empaparse de ese ambiente positivo. Observe durante unos minutos el diagrama de ba-gua de la página 38 y utilice su imaginación (y su hora del almuerzo) para encontrar un espejo con el marco adecuado que sea un atractivo y estratégico potenciador de feng shui, no importa cuál sea su objetivo.

Nancy Richards, editora fotográfica de un canal de televisión por cable para niños, encontraba que su cubículo era tan inhibidor y deshumanizante que a menudo no podía dar lo mejor de sí misma. También estaba preocupada porque cuando hacía algo importante nadie se daba cuenta. Nos conocimos en una fiesta y yo le aconsejé utilizar varias técnicas de feng shui para mejorar su entorno. La «cura» que mejor funcionó para Nancy resultó ser un banderín de color amarillo chillón –un artículo promocional de uno de los programas de su canal– sobre su cubículo. La bandera cogía suficiente fuerza del aire acondicionado para moverse suavemente, atrayendo buen chi y contrarrestando los ángulos agudos y las flechas venenosas que rodeaban. El amarillo, el color del Sudoeste, poco a poco fue dándole el calor de relaciones que ella echaba en falta en su aislado espacio de trabajo. Desde que individualizó su cubículo con este potenciador de feng shui, Nancy dice sentirse más cómoda y creativa y más feliz en general con sus interacciones en el trabajo.

Para conseguir que llegue el máximo de buen chi a su cubículo, tome las mismas medidas que en una oficina grande. Ponga una planta encima de su mesa o, si no tiene suficiente espacio, en el suelo. Este vibrante ser vivo atraerá chi positivo, al mismo tiempo que mejorará el aspecto de su espacio de trabajo. Si es posible, ponga la planta en el lado este porque ésa es la dirección que tiene la madera (y las plantas) como elemento. De ese modo, la planta doblará su efecto potenciador sobre cualquier objetivo que tenga que ver con la salud, el crecimiento y los nuevos proyectos.

No tenga miedo a desarrollar su creatividad. Algunos trabajadores del gran edificio de oficinas de America Online en Sterling, Virginia, han personalizado sus particiones de dos metros y medio de altura colgando «corazones» sobre las entradas. Algunos están hechos de madera; otros, de plástico. Con este toque decorativo, estilo años sesenta, han dado color y movimiento a su entorno de trabajo, además de potenciar el chi.

LA SALA GRANDE CON MUCHAS MESAS

Cuando se trabaja en una zona abierta con muchas mesas, es posible que no se tengan demasiadas posibilidades de situarse frente a la puerta y de controlar la distancia a que ésta se encuentra. Utilice las precauciones generales del feng shui si trabaja en una situación de este tipo. Use un espejo para ver la puerta si se sienta de espaldas a ella. Coloque plantas o espejos para proteger a toda la gente de la sala de las flechas venenosas procedentes de las esquinas agudas de otras mesas y archivadores. Separe las mesas para que no haya pasillos estrechos que puedan crear sha chi.

Recuerde que la mesa del director debe estar lo más lejos posible de la puerta. Toda la empresa sale beneficiada si el director se sienta lo suficientemente lejos de la puerta puesto que, con ello, tiene mayor control sobre la sala. La salud de la empresa –y el éxito de todos los que trabajan en ella– requiere que el director sea lo más efectivo posible.

En una sala grande, evite poner las mesas de los empleados una frente a la otra. Si es posible, escalónelas ligeramente para romper el efecto directo de uno contra uno. Cuando eso no sea posible, asegúrese de colocar una pequeña barrera –lo ideal es una planta verde– en el extremo frontal de cada mesa. He visto muchas oficinas en las que los problemas aparentemente personales de los empleados eran fruto en realidad de la «relación» entre sus mesas.

Asimismo, en una sala grande con muchas mesas, es importante utilizar colores suaves en lugar de vivos, porque los colores vivos pueden hacer decantar la balanza del yang, por lo que trabajar en esa oficina grande y ajetreada puede acarrear mala suerte, además de resultar desagradable.

Los vestíbulos, salas de espera y mesas de recepcionista deberían recibir una consideración feng shui especial porque establecen el tono de la experiencia general de cualquier persona dentro de esa estructura. Estas áreas deben tener buena luz y circulación chi, así como una mezcla de superficies duras y blandas y de colores claros y oscuros para mantener el yin y el yang en equilibrio. Ante todo, estos lugares deberá parecer espaciosos y acogedores.

PRIMERAS IMPRESIONES

Ningún profesional hará tanto bien a su cliente como aquel que disponga de una zona de recepción o de espera con buen feng shui. Un contable con una sala de espera oscura, con falta de chi, tendrá menos clientes –y de menos confianza–, de los que tendría un profesional igualmente competente cuyo vestíbulo ofreciera un entorno alegre y acogedor. Los clientes que esperan en un vestíbulo con buen feng shui comienzan cada ejercicio fiscal con la seguridad de hallarse en una atmósfera equilibrada y armoniosa. Se sienten literalmente mejor consigo mismos y aumentan sus esperanzas de prosperidad, incluso antes de sentarse ante la mesa de su contable.

Todos los principios fundamentales del feng shui son aplicables a las salas de espera y de recepción. Aquí tiene las ideas básicas que debe recordar:

- Utilice colores e iluminación suave para proporcionar una ambiente confortable a los visitantes, pero mantenga el chi en movimiento con espejos, ventiladores de techo, cristales o seres vivos como plantas o peces.
- Ponga especial atención en que el feng shui sea tan bueno para la gente que trabaja allí como para quienes le visitan. La mesa de la recepción tendría que presentar un aspecto tan pulcro y ordenado como la del presidente de la compañía. Todos los demás principios del feng shui deberían ser aplicables también. Asegúrese de rellenar el trozo que falta de que se trate de una mesa en forma de «L», por ejemplo. Después de todo, el aspecto de la mesá de recepción y la forma en que atiende el recepcionista dicen mucho a los clientes sobre la condición general de la empresa.

Camufle los cantos agudos con plantas para suavizar los efectos de las flechas venenosas, así como para dar la bienvenida y alegrar a todo aquel que entre en la zona.

CAFETERÍAS

Las humildes cafeterías y cocinas de oficina, a menudo descuidadas, son en realidad un importante espacio que influye de manera especial en la armonía y el equilibrio general en el trabajo.

El Dr. Irv Cohen, un cirujano de Fargo, en Dakota del Norte, de exquisita cortesía y excelentemente cualificado, estaba preocupado porque las visitas a su consulta iban disminuyendo. Aconsejado por su mujer, el Dr. Cohen contrató a un diseñador de interiores con experiencia en feng shui para que redecorara su consulta. Al diseñador no le resultó difícil identificar la causa de los problemas del Dr. Cohen. La sala de espera era pequeña y sombría, con muebles que por algún motivo no parecían ser los adecuados para ese espacio. Los pacientes, después de estar en la sala de espera, llegaban a la consulta del Dr. Cohen con frío, con muy poca energía y nerviosos. No importaba lo comprensivo que fuera el Dr. Cohen, ni lo competente de sus técnicas, porque sus pacientes salían de la visita sintiendo molestias y menos sanos que cuando habían llegado. Después de pintar las paredes de color melocotón claro (un color del sector sudoeste elegido para mejorar las relaciones del doctor con sus pacientes y también para hacer más clara la habitación), de redisponer los muebles para que el chi hiciera suaves movimientos de meandro y de cambiar la iluminación para que resultara más íntima sin llegar a ser sombría, su consulta empezó a prosperar.

Si en el área de descanso de su oficina hay unos fogones o un fregadero, deberá tratar esa área como si fuera una cocina, poniendo especial atención a los dos elementos poderosos, aunque opuestos, que hay allí: el fuego, que es yang, y el agua, que es yin. Evite que uno sea más fuerte que el otro: para ello, evite utilizar en la decoración el color rojo (que reforzaría el fuego) o el negro (que amplifica el elemento agua).

Si hay unos fogones, una máquina de café o un microondas (todos ellos representan el fuego) al lado del fregadero, la proximidad de los elementos en conflicto romperá drásticamente el equilibrio yin/yang. Por suerte, esto tiene fácil solución: basta con colocar algo de metal o madera a modo de embudo, entre ellos. Por ejemplo, puede poner en el mármol una caja de metal. El blanco, símbolo de pureza, es siempre un buen color para una cocina o para cualquier área en la que se cocine o se coma.

En la jerarquía del feng shui, la colocación de la cocina es más importante, incluso, que la ubicación de la mesa de trabajo. Únicamente merece más atención el lugar destinado a la cama. Si la cocina de su oficina tiene unos fogones tradicionales, asegúrese de que una persona que se encuentre frente a ellos pueda ver la puerta de la cocina. Si no, cuelgue un espejo sobre los fogones.

El espejo puede servir para dos propósitos si también refleja el número de quemadores de los fogones. Los quemadores, y su papel en la preparación de la mayor parte de nuestras comidas, simbolizan el potencial de ingresos del negocio. Su reflejo en el espejo doblará ese potencial. Por eso, resulta esencial mantener los fogones limpios y asegurarse de que todos los quemadores funcionan. El calor y la energía de los quemadores harán que los proyectos financieros de la empresa no se enfríen.

Puesto que las cafeterías son áreas frecuentadas, acaban siendo los «centros de relación» de muchos lugares de trabajo. Si en ellas se incumple el buen feng shui, podría desencadenarse baja productividad, riñas y rencores entre los empleados.

Cada artículo personal que se quede colgado en el tablón de anuncios o se olvide en la habitación tiene su propio tipo de energía o chi. Procure mantenerlo al día. Las fotos de nuevos niños, invitaciones a fiestas, anuncios de reuniones profesionales y sociales y algunos chistes contribuyen a conseguir un estado de ánimo positivo y crean un pulso saludable de chi en este lugar. Las quejas anónimas, las notas sarcásticas sobre la limpieza, los chistes malintencionados y cualquier trasto o artículo personal olvidado inhibirán el chi de la habitación y provocarán problemas de estado de ánimo.

A menudo, las cafeterías no tienen ventanas; por esto será necesario mantener el chi en movimiento con buena luz y tal vez con un ventilador, un móvil o un cristal suspendido en el techo.

Las habitaciones que albergan archivos, suministros y la máquina fotocopiadora y el fax, a menudo presentan una superabundancia de metal que deberá equilibrarse con elementos de madera o tierra. Para conseguir un equilibrio perfecto en su archivo o sala de equipamientos, cuelgue una foto, un cuadro o incluso un calendario en el que aparezca un agradable escenario de la naturaleza con árboles y montañas. Además de equilibrar los elementos, el escenario exterior también introducirá las formas suaves de la naturaleza en este entorno construido por el hombre. Guardar papel en la fotocopiadora, en el fax, o cerca de ellos, también ayudará a equilibrar el metal con madera. Como siempre, procure que haya suficiente luz y cuanta circulación de aire sea posible.

SALAS DE FOTOCOPIAS, FAX, ARCHIVOS Y SUMINISTROS

Si es usted una de las numerosas personas que trabaja desde su casa, disfruta de vía libre para disponer el feng shui de su lugar de trabajo. En el despacho de su casa, al igual que en cualquier otra oficina, tenga en cuenta los principios del feng shui.

- Anime un flujo saludable del chi
- Evite el sha en forma de flechas venenosas
- Procure equilibrar el yin y el yang
- Cree potenciadores especiales que le ayuden a conseguir sus objetivos

LA OFICINA EN CASA

Además de estas normas básicas, hay que prestar atención a algunas consideraciones del feng shui cuando, a causa de las limitaciones de espacio, deba colocar su despacho en una habitación que ya tiene otros usos.

Algunas veces, simplemente buscar un poco de espacio para una mesa y para el mínimo equipo de oficina puede romper el buen equilibrio del feng shui en una casa. Procure no ocupar por completo una habitación. Si ha instalado la oficina en una habitación pequeña, utilice espejos para aumentar el sentido del espacio. Observe atentamente cómo alteran los nuevos cambios el feng shui de la habitación. Es probable que requiera algunas modificaciones del feng shui una vez se haya instalado el equipamiento de oficina.

Si ha destinado una zona de su cocina para despacho, preste atención al equilibrio de los elementos; recuerde que el fuego y el agua forman parte de la ecuación feng shui. Trate la cocina siguiendo las recomendaciones que le hemos dado referidas a la cafetería descrita anteriormente. Ubicar su oficina en la cocina le otorga la ventaja de tener fuego (sur/rojo/fama) y agua (norte /negro/éxito profesional) juntos en la habitación. Cree sus modificaciones aprovechando la presencia de estos dos elementos poderosos. (Pero evite que uno de los dos elementos sobrecargue la zona.)

Por ejemplo, si su prioridad es hacerse un nombre y expandir su lista de clientes por recomendación, ponga una decoración roja, aunque sea una simple rosa o la foto de una rosa, encima de los fogones. Si su objetivo principal es reunir su procapital, ponga potenciadores alrededor del fregadero (agua=dinero); de nuevo, esto podría ser algo tan simple como una foto o una obra de arte en la que aparezcan peces (para la abundancia) o una tortuga negra como potenciador especial de agua que connota longevidad y estabilidad —dos ambiciones de cualquier nuevo negocio.

Si el despacho invade su dormitorio, deberá tener mucho cuidado. Evite mezclar esas dos áreas de su vida siempre que sea posible; la oficina traerá demasiada energía a una habitación que está pensada para descansar. Un dormitorio con buen feng shui y una oficina con buen feng shui contienen dos tipos de chi diferentes y, en esencia, incompatibles. Una oficina requiere un chi activo, vivo, mientras que una habitación bien equilibrada dispone de un chi saludable y de movimientos suaves. Lo que pasa a menudo en estas situaciones es que la energía más fuerte domina, y el dormitorio –y el sueño de sus ocupantes– sufre las consecuencias.

Cuando resulta inevitable poner la oficina dentro del dormitorio, cree una barrera lo más clara posible entre las áreas destinadas a estas dos funciones. Ésta es una circunstancia para la que necesitará algo más que una simple planta en el suelo. Aquí tiene algunas ideas:

- Compre una mampara atractiva de habitación para separar la oficina del área para dormir.
- Ponga una alfombra en el suelo para delimitar la oficina.
- Construya un estrado ligeramente elevado para poner su mesa.

Cualquiera de estas potenciaciones hará que los dos flujos diferentes de chi se muevan de manera independiente, lo que le permitirá mantener un flujo de chi con alta energía en la oficina sin que ello perturbe el flujo del chi necesario para un buen descanso por la noche.

No importa en qué lugar se halle su empresa: decore su oficina según los clientes a quienes desee atraer, incluso aunque nunca entren en su oficina. Con ello, estará fomentando la energía y aumentando enormemente las posibilidades de su empresa. También debería estar vestido adecuadamente cuando trabaje en la casa. A pesar de lo que nos quieren hacer creer algunos anuncios de tecnología para oficinas en casa, pasar el día sin ducharse y en pijama no será de mucha ayuda a la hora de mejorar su chi personal y su atractivo profesional.

Barbara Sternau empezó su negocio de decoración de interiores en su casa en Westchester Country, Nueva York, hace más de diez años. Tuvo la suerte de contar con una habitación vacía en la que instalar su oficina, aunque pensaba que el espacio resultaba un poco pequeño para ser ideal. Aun así, hizo todo lo que pudo para mejorar el potencial de buen feng shui de la habitación. Le preocupaba el hecho de que hubiera una alcoba en el área del conocimiento de la oficina porque el flujo natural del chi no circulaba hacia ese sector vital. Colgó un espejo en la pared del lado opuesto para que dirigiera el chi hacia el área escondida. Dado que también estaba interesada potenciar sus ingresos, puso la mesa y el ordenador del contable, que trabajaba a tiempo parcial, en el área de la riqueza. Su mesa de dibujo quedó en la esquina de las relaciones, porque Barbara sabe que las relaciones son un punto clave en su negocio. Funcionó todo tan bien que unos años más tarde Barbara consiguió su primer objetivo expandir su negocio lo suficiente para poder mudarse a una oficina nueva (y más grande).

EN LA CARRETERA

Cuando viaje por asuntos de negocios, puede crear buen feng shui sobre la marcha. En realidad, es importante que lo haga. Dejar un entorno familiar e ir a un lugar extraño le puede provocar un sentimiento de vulnerabilidad, debido a un chi debilitado. El estrés y las tensiones producidas por los viajes también agotan su chi.

Es crucial hacer todo lo posible para atraer el buen feng shui y disponer los entornos poco familiares de forma que se pueda sentir su control y su poder sobre los asuntos laborales.

Si puede, llame antes y pida una habitación que mire al Sur, al Norte, al Este o al Oeste (la dirección que mejor se adapte a sus objetivos). Piense que la habitación «mira» en dirección a la ventana por la que entra más luz. Lleve en la maleta uno o dos pequeños potenciadores para colocarlos junto a la pared en la que se encuentra esta ventana, de modo que prolongue el objetivo de su viaje. Si va a negociar contratos de negocios lucrativos, por ejemplo, intente conseguir una habitación con cara al Sudeste. Cuando llegue, compre un potenciador sencillo para esa área de la habitación (yo siempre aconsejo cuatro iris de color púrpura) o lleve en la maleta una foto que signifique algo para usted y que tenga el color púrpura. Si sigue estos pasos se hallará en una posición de considerable fuerza en las negociaciones económicas, porque habrá potenciado el Sudoeste, que es el área de dinero más fuerte del diagrama de ba-gua.

Si la mesa de la habitación en el hotel está puesta de modo que queda de espaldas a la puerta, no dude en girarla para que mire en otra dirección. Algunas veces las habitaciones de hotel disponen sólo de un escritorio y no de una mesa completa; en ese caso, lo único que debe hacer para poder ver la puerta es mover la silla de un lado de la mesa al otro.

Y no piense que debe convivir con cualquier forma poco atractiva de arte que encuentre colgada en las paredes del hotel en que se aloje (a no ser que esté clavada en la pared, como ocurre a veces). Retire cualquier imagen negativa o poco atractiva y póngala debajo de la cama. ¡Asegúrese de volver a colgarlas antes de marcharse para que la dirección no le cobre por ellas!

La consultora de telecomunicaciones Rose Murray viaja por negocios varias veces al año y se ha vuelto adicta a adaptar el feng shui de las habitaciones de hotel a las necesidades de sus viajes. En una ocasión, especialmente delicada, necesitaba ganarse la confianza de un cliente importante –y muy escéptico. Rose llevó consigo un mantel de damasco de color amarillo y una reliquia de familia, después envolvió esta valiosa posesión de forma atractiva sobre una rinconera en el lado sudeste de su habitación. Compró un par de tulipanes amarillos y los puso también en la rinconera. Este potenciador de feng shui estaba dispuesto cuidadosamente para promover una buena relación de negocios y parece que funcionó. Rose dio un giro a su conversación con este ejecutivo y cuando terminó su viaje de negocios ya lo tenía en su lista de clientes.

SEIS

EL FENG SHUI
Y LAS GANANCIAS

Consulte la lista de ambiciones que escribió tras leer el capítulo 2 y repase sus principales objetivos. Si en una de las primeras posiciones de la lista figuraba incrementar sus ingresos de algún modo –desde obtener un aumento de salario hasta expandir su negocio–, lea atentamente este capítulo; en él encontrará instrucciones detalladas que le ayudarán a llevar a cabo sus sueños. Aquí puede ampliar ese ba-gua del escritorio (tratado en el capítulo 4) para utilizarlo en toda su oficina. Aproveche la libertad de trabajar con un espacio tridimensional.

Los consejos están pensados desde la perspectiva de la cultura de empresa tradicional. Si trabaja en un entorno más informal, no dude en utilizar su imaginación y ser lo más creativo posible al desarrollar estas ideas.

Si entre sus ambiciones se encuentran:

- obtener un ascenso
- conseguir trabajos concretos
- obtener mejores contratos o encargos más lucrativos

Entonces utilice el Norte con sus colores para conseguir cualquier objetivo relacionado directamente con su carrera. Potencie el área Norte de su oficina con el color negro o el número 1 e incluya imágenes, figuras, etc. de la tortuga, símbolo de longevidad y estabilidad. Una foto de Ansel Adams en blanco y negro, en la que aparezca agua, y que no le deje indiferente, sería una buena elección. Si no le es posible colgar obras de arte, puede crear un potenciador de feng shui muy discreto poniendo una pequeña tortuga de ébano sobre un armario, un estante o un escritorio situado en una pared Norte. Si coloca algo de metal en el Norte, como una pieza de algún aparato, una escultura o incluso un cuadro con marco de metal, acentuará la perspicacia de su negocio, porque en el ciclo creativo de los elementos, el metal da luz al agua. En el Norte, no ponga nada de tierra o que simbolice la tierra porque en el ciclo destructivo la tierra ensucia el agua; ello empañaría las posibilidades de avanzar en su carrera.

ÉXITO
PROFESIONAL
Y
EN LOS
NEGOCIOS

Si sus esperanzas giran en torno a:

- mejorar su reputación
- conseguir que su autoridad gane más prestigio
- hacer que su nombre resulte más familiar a sus clientes o colegas
- aumentar su importancia y la de su negocio al ámbito regional o nacional
- ganar en publicidad o notoriedad
- obtener rápidos ingresos

FAMA
Y
FORTUNA

Entonces centre sus esfuerzos en el Sur. Existe una tradición asociada al hecho de ganar los colores y los elementos del Sur sigan esa tradición. Utilice rojos vivos, símbolos del fuego o cualquier pájaro espectacular (recuerde que ésta es la dirección del ave fénix) para aumentar sus posibilidades de obtener la bendición de esta dirección tan favorable. Puesto que el 9 es el número del sur, podría colgar en una pared que se halle en este punto una foto con nueve pájaros (los cardenales rojos son una posibilidad). Pero no es necesario que utilice ese número en todas sus intensificaciones. Cualquier objeto rojo atractivo, especialmente si representa el fuego, como por ejemplo una vela, será suficiente. Incluso una rosa roja en un jarro ampliará sus posibilidades de fama y fortuna. Podrá también sacar provecho del ciclo creativo de los elementos añadiendo madera a una pared sur. Ello estimulará intensamente la fama, la fortuna y la alegría en su vida porque el Sur es la dirección del fuego, y la madera alimenta al fuego. Evite el ciclo destructivo de los elementos manteniendo el agua lejos del área del Sur, puesto que el agua extingue el fuego y ello desanimaría sus posibilidades de fama y fortuna.

DINERO

Si sus objetivos más importantes giran en torno a cualquiera de los siguientes puntos:

- dinero para empezar un negocio nuevo
- mayor flujo de dinero
- estrategias de inversión más inteligentes
- mejor control de la economía
- ganar pluses o grandes comisiones

Entonces centre su atención en el Sudeste; para ello utilice el número 4 y el color púrpura, así como rojos y rosas intensos.

De los ocho puntos de brújula del ba-gua, el Sudeste es el que está más directamente relacionado con las ganancias. Si ha puesto sus ojos en el dinero, utilice su imaginación para crear potenciadores que activen su rincón del Sudeste tales como colores intensos, brillantes y el uso del número 4. Las flores iluminan la oficina, aumentan el chi y tienen el beneficio añadido de trabajo con el color y el número que necesite. Sin embargo, una advertencia: deberá ocuparse primero de poner al día sus cuentas antes de poder recibir ayuda del feng shui. Cuatro elementos en el rincón Sudeste de su oficina no serán suficientes para solucionar el caos de su libro de cuentas o de las facturas que están sin pagar (¡porque las perdió!).

Si está principalmente interesado en uno de los siguientes objetivos:

- conseguir nuevos clientes
- ampliar su negocio con nuevos productos y servicios
- ampliar el número de trabajadores o socios
- recuperarse de los reveses de su negocio y mejorar la «salud» de su empresa

CRECIMIENTO Y SALUD

Entonces mire hacia el Este, porque ésa es la dirección del crecimiento y la salud.

El elemento del Este es la madera; su color, el verde, y su número el 3. El poderoso e inspirador dragón es el animal celestial que monta la guardia en esa dirección. Las plantas verdes son una elección obvia y muy fácil para activar su sector Este. Incorporan el elemento, el color y el espíritu de este punto cardinal, orientado al crecimiento. Para que los potenciadores intervengan al máximo, intente agruparlos de tres en tres. Si su área de trabajo no es la apropiada para ubicar plantas naturales, las plantas de seda podrían ser una solución aceptable; pero deberá sacarles el polvo o de lo contrario se convertirán en una influencia negativa. Para utilizar el ciclo creativo de los elementos en esta área, añada agua o una representación del agua porque ésta nutre la madera y alimenta a todos los seres vivos. Por la misma razón, evite utilizar el metal en este sector, pues el metal (elemento del Oeste) destruye la madera: penetra en las bendiciones del Este de modo parecido a como lo hace un hacha de hierro en un árbol.

Y otra nota de advertencia más para conseguir sus objetivos en los negocios con la ayuda del feng shui: no hay ningún potenciador del feng shui que pueda sustituir un buen servicio al cliente, una buena táctica de márketing y una gestión excelente de la empresa. Los potenciadores no son más que soportes o acrecentadores de sus propios esfuerzos profesionales.

AGUA, AGUA POR TODAS PARTES

El agua es el más potente símbolo del dinero en el feng shui, y se dice que cuanta más profundidad tiene, mayor es la posibilidad de riqueza. El agua en movimiento puede ayudar también a obtener y crear buen chi, además de animar el estatus y la riqueza de los que gozan de la bendición de su presencia.

Al igual que con el buen chi, el flujo del agua es vital cuando utiliza este elemento para sus beneficios. Si el agua fluye demasiado rápido, crea sha o chi negativo. Es como si su propia suerte se escurriera con el agua que fluye demasiado deprisa.

El agua poluta o repleta de algas es igualmente peligrosa. Vivir o trabajar cerca de agua estancada podría empañar sus posibilidades de éxito en los negocios y en las relaciones, así como causarle también problemas de salud.

Aunque las piscinas y los lagos no tienen mucho flujo de agua natural, el movimiento que añade el aire –una bomba en una piscina o el viento que pasa por la superficie de un lago bien situado– crea buen feng shui, siempre que el agua esté limpia.

(¡Después de todo, «feng» significa «viento» y «shui», «agua»!).

Las peceras y acuarios resultan excelentes para atraer el éxito y la prosperidad hacia su oficina. El movimiento y el flujo del agua en la pecera simbolizan un flujo positivo de dinero. Los peces añaden poder al agua porque son símbolo de abundancia (¡siempre habrá más peces en el mar!). Los peces de colores se ven a menudo en los estanques y peceras chinos porque su color dorado simboliza el dinero, y lo atrae.

Si pone un acuario en su oficina, asegúrese tanto de mantener los peces con buena salud y el tanque limpio, como de que la bomba funcione bien. No hay peor pecera que aquella que tiene el agua turbia y peces enfermos o moribundos.

Mi amiga y colega Angi Ma Wong cuenta una sorprendente historia sobre su propia experiencia con las peceras y el feng shui. Cuando se estropeó la bomba de agua de su acuario, dejó que pasaran algunos meses antes de repararla. Su empresa, normalmente muy activa, empezó a llevar un ritmo más lento, con lo cual Angi dispuso de tiempo para limpiar su gran acuario. Fregó la sal cristalizada y sustituyó la pieza del motor estropeada, por lo que aquél volvió a ponerse en marcha proporcionando un flujo de agua fuerte y burbujeante. Después salió de la oficina y estuvo fuera durante varias horas; cuando volvió, esa misma noche, encontró diez mensajes en su contestador. Algunos de ellos supusieron nuevos contratos para su empresa de consultoría intercultural; otros provenían de personas que trabajaban en diversos medios de comunicación que querían entrevistarla.

La historia de Angi ilustra claramente la importancia y el poder del agua, cuando tiene un rápido y constante flujo, para activar los aspectos empresariales y profesionales de la vida. Como dice Angi: «Prestando más atención a los problemas de mi acuario –un microsistema independiente– había conseguido poner en marcha mi vida profesional al mismo tiempo que la bomba de agua».

Jacinta y Paul Porto, de Virginia del Sur, trabajadores y padres de cuatro niños, pudieron conocer, a través de su propia experiencia, el poder de las peceras. Tras escuchar las súplicas de sus hijos, que querían tener peces, compraron un acuario de ocho litros y lo colocaron en el área de su salón que atrae el dinero. Un mes más tarde, en una fiesta, la familia resultó ganadora de un sorteo. El premio consistía en la manutención gratuita de sus hijos en la escuela durante un año, lo cual representó un alivio económico considerable. Dos meses más tarde, cuando se estropeó el reproductor de CD; cuando ya habían decidido que salía demasiado caro repararlo, ganaron un sorteo de su congregación, ¡y esta vez el premio era un reproductor de CD portátil! Jacinta y su marido, ambos empleados de una compañía de pinturas y decoración, están siempre experimentando con nuevos potenciadores de feng shui, y creen que la pecera ha supuesto un incentivador de éxito especial para ellos y sus hijos.

Las fuentes son especialmente beneficiosas porque el movimiento y el sonido del agua que fluye anima el flujo del buen chi. Cada vez es más frecuente ver fuentes en espacios interiores, y no sólo en elegantes atrios de céntricos edificios de oficinas. En las tiendas de jardinería podemos encontrar fuentes perfectamente diseñadas y construidas a escala para oficinas y casas. Incluso hoy en día es posible comprar fuentes de mesa que nos apacigüen con sus gorgoteos mientras el agua se mueve laboriosamente, potenciando nuestra riqueza.

No es casualidad que docenas de edificios de Hong Kong y cada vez más edificios en los Estados Unidos coloquen fuentes en sus vestíbulos.

Si tiene la posibilidad de situar una pecera o fuente en su oficina o espacio de trabajo, puede obtener excelentes resultados de feng shui utilizando objetos de arte en el que se represente el agua. Barcos que surcan el océano, cascadas de Yosemite, ríos que fluyen por meandros o cualquier cosa que represente el agua y que le produzca placer estético o emocional pueden hacer mejorar su relación con el dinero si se colocan en el lugar adecuado.

El negocio de la consejera y empresaria Edith Berke estaba pasando por un momento difícil. Sus clientes particulares disminuían y sus clientes corporativos –con los que se ganaba la vida– no llamaban. Edith consultó al practicante de feng shui de su localidad, quien sugirió que trasladara una bella fuente negra hecha en cerámica del patio trasero al despacho que tenía en su casa, donde el suelo también era de losas de cerámica. Dos semanas después de que añadiera el color negro y el elemento agua a la pared del lado norte, Edith firmó un lucrativo contrato con un nuevo cliente corporativo.

Los espejos pueden hacer crecer sus ganancias porque simbólicamente doblan todo aquello que reflejan, duplicando en fuerza sus posesiones. Por suerte, los espejos son además prácticos y atractivos estéticamente, por lo que puede colocarlos en múltiples lugares. Aquí tiene algunas sugerencias:

ESPEJOS

- ponga un espejo junto a la caja registradora para doblar sus ingresos
- si su área de recepción es pequeña o está abarrotada, cuelgue un espejo en ella para doblar el espacio
- si tiene un restaurante u otro negocio en el que se reúna gente, ponga un espejo en una pared para doblar el número de clientes.

Hong Kong es una ciudad de una increíble riqueza en la que no resulta inusual ver hombres de negocios dentro de sus automóviles Rolls-Royce o Mercedes Benz con chófer. La gente de Hong Kong atribuye la gran importancia de la ciudad a su excelente ubicación feng shui. Victoria Peak mantiene la guardia sobre la ciudad, protegiéndola por detrás, mientras el puerto que está delante atrae el dinero. En este caso, el agua es, tanto literal como simbólicamente, la fuente de riqueza de la ciudad.

Sus ciudadanos están convencidos de que la ciudad continuará prosperando ahora que Hong Kong ha pasado a manos del gobierno chino, en parte porque se cree que su puerto tiene la forma de una «bolsa de dinero» con una abertura por donde el dinero puede entrar pero no puede salir a nado. Además, muchos edificios de primera línea de mar han sido diseñados conjuntamente por arquitectos y maestros de feng shui para que parecieran y actuaran como imanes que sacan la riqueza del agua. Parece que funciona, puesto que el puerto bulle con el tránsito marino, la exportación y toda suerte de comercio internacional. Todas estas actividades dan un fuerte empuje a la riqueza de la ciudad.

Louise Pérez trabaja en la sucursal de una agencia de viajes al Oeste del país. Hace algunos años se sentía bloqueada en su carrera profesional, lo cual le causaba frustración, y ,además, hacía tiempo que esperaba recibir un aumento de sueldo que nunca llegaba. Louise estaba dispuesta a poner en práctica el feng shui para alcanzar sus ambiciones profesionales, pero la política de la empresa no le permitía colocar fuentes, peceras ni obras de arte escogidas por ella misma y que añadieran el elemento agua a su espacio de trabajo. Debido a estas limitaciones, Louise tuvo que ser muy imaginativa e inteligente en el modo de crear un potenciador de feng shui que la ayudara a conseguir sus objetivos. Se le ocurrió colocar sobre su mesa un «lago» hecho con un espejo de 20 centímetros de diámetro. En verano ponía sobre él pequeños veleros y diminutos peces. En invierno, puntos de felpa, que simbolizaban agujeros para pescar, y pescadores en miniatura; con esto daba a entender que bajo la superficie helada había peces en abundancia y agua que se movía libremente. A sus clientes les encantó el pequeño estanque y siempre se fijaban en la decoración que presentaba en cada estación. Poco a poco, Louise empezó a vender más y más viajes para la compañía, y al cabo de un tiempo se convirtió en el agente más ocupado y más popular de su departamento. Además, por alcanzar una ambiciosa meta que la compañía había fijado para las nuevas reservas, ella recibió un importante plus. Louise ocupó el el primer puesto en la lista de pluses durante tres años, y al año siguiente fue nominada vicepresidenta asociada de viajes. Hoy continúa limpiando el espejo y sacando el polvo a sus pececitos cuidadosa y regularmente.

SIETE

LAS RELACIONES EN EL TRABAJO

Crear un entorno equilibrado y armonioso, tanto en casa como en el trabajo, con el feng shui puede obrar maravillas en su salud, su éxito y su riqueza. Pero debe tener en cuenta que si quiere sacar el máximo beneficio de cualquiera de estos bienes, deberá disfrutar de buenas relaciones. Para ello, utilice el feng shui con el objetivo de mejorar sus relaciones personales; así observará transformaciones en la manera en que responde a la gente y en la forma en que ésta reacciona. Es posible lograr estos cambios de modos diferentes. Con el feng shui podrá:

- desarrollar su chi personal para que los demás se sientan atraídos hacia usted y disfruten con su presencia (ello le ayudará a ganar clientes y a ampliar su negocio).
- crear un entorno para que la gente confíe en sus capacidades y se sienta inclinada a creer en usted y a escuchar sus opiniones.
- aprender cómo situarse en una posición dominante, con independencia del lugar en el que se encuentre; de este modo hará grandes negocios y tendrá autoridad en cualquier entorno.

DESARROLLO DEL CHI PERSONAL

Si entre las ambiciones que anotó tras leer el capítulo 2 se encuentra la de mejorar sus relaciones o tener más autoridad, esta sección del libro es especialmente importante para usted.

Si tiene un chi personal fuerte, podrá aumentar su autoridad en el trabajo, mantener excelentes relaciones de cooperación con los compañeros y conseguir que su jefe le mire con ojos completamente nuevos.

La gente que parece saber quién es y que consigue ser bien acogida en realidad tiene un cierto poder sobre los otros. Algunas veces este poder es puro carisma; otras consiste en la habilidad de persuadir a los demás sobre una forma de pensar, y en algunas ocasiones se trata de una fuerte autoridad, respetada por todos. Las personas que tienen esta presencia especial suelen convertirse en líderes.

Su chi personal es el ingrediente más importante para mejorar sus relaciones. Si éste es fuerte, usted se mantendrá alerta, estará seguro de sí mismo y lleno de energía; además, se sentirá relajado y satisfecho con su personalidad, por lo que tendrá menos probabilidades de ser crítico cuando trate a los demás. La mayor parte de la gente percibe estas cualidades rápidamente y se siente atraída de forma natural por aquellos que demuestran tenerlas.

LA SEGURIDAD EN UNO MISMO ES LA CLAVE

Conocerse a sí mismo es esencial para potenciar al máximo el chi personal. Convierta en costumbre el hecho de tener charlas de forma regular consigo mismo (algunas veces las llamamos meditaciones). Esto le ayudará a cultivar sus fuerzas especiales y a dirigir todos sus esfuerzos hacia las áreas que desea mejorar. Realice el siguiente ejercicio tan a menudo como sea necesario (por lo menos una vez cada dos meses), para mantener abiertos los canales de comunicación entre usted y su yo. El yo es el centro de su bienestar y determina la calidad de su chi personal. Por ello, deberá escucharlo atentamente y hablarle con ternura.

Una excelente manera de limpiar y reforzar su chi personal es hacer ejercicios diarios de respiración. Muchas personas que practican el feng shui empiezan el día con un simple proceso de aspiración y espiración que proporciona abundante oxígeno al corazón y al cerebro, así como una gran cantidad de chi enérgico al espíritu.

EJERCICIOS DE RESPIRACIÓN

Aspire profundamente por la nariz. Aguante el aire durante tres segundos. Después espire lentamente por la boca: dé ocho respiraciones cortas seguidas de una de larga.

Mientras repite esto algunas veces (no se maree), imagine que se llena de un chi enérgico y vibrante. Sienta cómo el chi entra en su mente y en su espíritu con el objetivo de prepararle para el día que tiene por delante; le proporcionará serenidad, fortaleza y sabiduría con las que enfrentarse a todos los retos de la jornada.

MEDITACIÓN

Reserve una hora del día para hacer el siguiente ejercicio, que le ayudará a desarrollar valiosas percepciones de sí mismo. Se trata de crear una lista de cambios para hacer y acciones para emprender.

- 1. Siéntese en un lugar tranquilo y en una posición confortable (pero no se tumbe... ¡se puede quedar dormido!). Con el fin de preparar su mente para el ejercicio, dedique algunos minutos a practicar el ejercicio de respiración que le explicamos arriba. Tenga a mano un lápiz y un papel para anotar sus pensamientos mientras realiza la actividad.

- 2. Imagine su llegada al trabajo un día normal. ¿Cómo se siente? ¿Impaciente? ¿Aterrorizado? ¿Ansioso? ¿Enérgico? ¿Enfurecido? ¿Feliz? ¿Aburrido? Anote la emoción que más se parezca al primer sentimiento que le venga a la cabeza. Después, pregúntese qué evoca ese sentimiento (algo bueno o algo malo) y anótelo rápidamente.

- 3. A continuación, imagínese todo el día de trabajo. ¿Qué sentimiento predomina durante la mayor parte del día y en sus relaciones con gente diferente? ¿Se siente fuerte y competente? ¿Confuso y descontrolado? Apunte estos sentimientos y analice cuál es la causa de esas emociones.

- 4. Piense en sus relaciones con los compañeros de trabajo. ¿Se siente cómodo con ellos? ¿Tiene asuntos pendientes con alguno o malos pensamientos de otros? Escriba los nombres que primero se le ocurran; al lado, anote una sola palabra que defina su relación con ellos.

- 5. Luego, imagínese en una reunión con un grupo de compañeros de trabajo. ¿Qué cree que proyecta usted? ¿Se imagina cuál es la percepción que tienen sus compañeros de usted? ¿Cómo se siente con ellos? ¿Hay algo que desearía cambiar en su propio comportamiento?

- 6. Recuerde las relaciones más frecuentes con su supervisor inmediato. ¿Qué emociones dominan en esta relación? Primero, anote cómo se siente usted; después, apunte lo que cree que su jefe siente.

- 7. Piense un poco en lo que más le motiva de su carrera. ¿El dinero? ¿El poder? ¿La reputación? ¿El sentimiento de satisfacción? ¿El deseo de cambiar el mundo o de hacer algo mejor? Esta vez, no escriba sólo lo primero que le venga a la cabeza, especialmente si la palabra es «nómina». Piense muy bien antes de determinar qué le da fuerzas para continuar trabajando, incluso cuando está cansado o desanimado.

- 8. Pregúntese qué es lo que cambiaría prioritariamente de su trabajo. Apunte las respuestas que se le ocurran.

- 9. Piense en cada cambio que considera necesario hacer. ¿Por dónde empezaría? ¿El cambio tiene que ver con la relación con sus compañeros o su jefe? ¿Qué puede hacer para empezar el proceso? Anote todas las acciones que podría emprender para iniciar esos cambios.

- 10 Si pudiera conseguir un objetivo personal en su trabajo, ¿cuál sería? ¿En qué consistiría el primer paso para conseguirlo? Anote las dos respuestas.

CÓMO ACTUAR

Una vez terminada su meditación, siéntese ante su mesa o en un lugar en el que pueda concentrarse y trabajar sin interrupciones.

Extienda sobre la mesa todas las notas que ha tomado y léalas detenidamente. Coja un papel y divídalo en tres columnas verticales. En la primera, escriba todos los elementos positivos de sus notas; en la segunda, los negativos, y en la tercera escriba todos los elementos de acción, así como otras cosas que se le vayan ocurriendo mientras escribe. Los elementos de acción deberían reforzar a los positivos y corregir o, por lo menos, ayudar a analizar los negativos.

Si tiene más elementos en la columna positiva que en la negativa, dé gracias por su armoniosa situación laboral. Pero si hay más anotaciones en la negativa, no se desespere. Simplemente, ello le proporciona más oportunidades de poner en práctica el feng shui para mejorar su carrera y sus relaciones en el trabajo y en su vida.

No importa lo larga que sea la lista de elementos positivos o negativos; lo que sí importa es disponer de una buena lista de elementos de acción. De lo contrario, sus posibilidades quedarán atadas, sin un lugar adonde ir y sin herramientas para mejorar su carrera o luchar por un mayor éxito profesional.

El hecho de tomarse algún tiempo para hacer estos ejercicios le ayudará a conseguir equilibrio y armonía consigo mismo. Y una vez logrado esto, le resultará mucho más fácil mejorar el chi de su entorno. Con una práctica regular, preparará y potenciará su chi, con lo que se acercará más y más al ideal que ha imaginado.

Mientras se refuerza su chi, podría empezar a ser más agradable en sus relaciones con los demás y a expresar comprensión y generosidad en su trato. Es posible que poco a poco se vaya encontrando en posiciones de fuerza más allá de lo que había imaginado al principio. Todo ello proviene del chi y empieza en usted.

EQUILIBRIO YIN/YANG: CÓMO CREAR UN ENTORNO QUE INSPIRE CONFIANZA

A menudo, en las oficinas hay demasiada energía yang. Las superficies duras, el material y los archivadores metálicos, las luces brillantes de fluorescentes y un entorno rebosante de actividad pueden agitar y dejar exhausto a todo aquel que trabaje allí. Ello, a su vez, hace que disminuya la moral y provoca políticas empresariales incoherentes y fuertes discusiones entre los empleados. Por norma general, los lugares de trabajo con un yang intenso hacen que la gente se sienta tensa la mayor parte del tiempo, lo cual se suma al estrés que ya de por sí produce el lugar.

Si no está seguro de que la ubicación de su lugar de trabajo sea la adecuada en lo que respecta a la armonía entre el yin y el yang, tal vez se deba a que aquélla se halla en equilibrio. Pero para estar seguro, formúlese estas preguntas:

- 1. ¿La luz es demasiado brillante? (Incluye la luz del sol que entra por la ventana)
- 2. ¿Hay pilas de papeles, montones de cajas y otros materiales por todas partes entorpeciendo el paso?
- 3. ¿Normalmente hace demasiado calor?
- 4. ¿Hay mucho ruido?
- 5. ¿A veces huele mal?
- 6. ¿El ruido del entorno molesta a los trabajadores?
- 7. ¿La atmósfera es agitada, hasta el punto de llegar a ser insoportable?
- 8. ¿La oficina está abarrotada de gente?
- 9. ¿Hay discusiones frecuentes entre los trabajadores?
- 10. En los cargos de importancia, ¿dominan los hombres sobre las mujeres?

Todas estas condiciones son síntomas de exceso de yang. Podría significar que su oficina o su lugar de trabajo están invadidos por más chi del que puede procesar o hacer circular. Esto causa mal chi, que tiende a crear excesos en todas las cosas. Cualesquiera de estos síntomas indican que hace falta añadir más yin donde sea posible, porque el yang puede ser especialmente destructivo.

Cuando hay demasiado yang, las discusiones pueden volverse acaloradas o agresivas; a veces llegan hasta puntos en que los compañeros de trabajo se levantan la voz e intercambian insultos. Ello no sólo resulta desagradable y poco productivo, sino que también indica muy mal feng shui: el entorno está seriamente desequilibrado.

La atmósfera yang no es apropiada para tomar buenas decisiones ni para aplicar prácticas empresariales adecuadas. Además, puede causar pérdida de oportunidades y malos resultados econó-

A Tim Ryan le encantaba su trabajo de diseñador de software, pero odiaba tener que ir a trabajar cada mañana. Como era una persona muy tímida, Tim no disfrutaba en las relaciones informales con sus compañeros de trabajo y a menudo se enemistaba con ellos. Aunque no pretendía hacer ningún daño, Tim exhalaba un aire de impaciencia, intranquilidad y extrañeza cada vez que alguien se le acercaba. Y, debido a ello, tampoco le trataban muy bien.

Tim quedó fascinado con el feng shui y dedicó mucho tiempo a aprender todo lo que pudo. Descubrió el concepto del chi personal. Aprendió que su propio chi era débil, y que por ello se encontraba casi siempre en desequilibrio con su entorno y con sus compañeros. Como era muy meticuloso, Tim hizo un gran esfuerzo para establecer objetivos, tras lo cual trabajó con diligencia en varios de los ejercicios que le expliqué. Reforzó sus puntos fuertes y sus debilidades, además de determinar qué aspectos servirían para mejorar su actitud ante el trabajo. Lo primero que hizo fue preparar su chi personal y, junto con ello, la seguridad en sí mismo. Con esa seguridad, Tim pudo persuadir a su jefe de que le permitiera trabajar desde casa cuatro días a la semana. Ahora trabaja en su casa de lunes a jueves y sólo va a la oficina el viernes para asistir a las reuniones y arreglar cuestiones de papeleo. Es capaz de disfrutar en las relaciones ocasionales con sus compañeros de trabajo y ha descubierto incluso que comparte algo con muchos de ellos: su pasión por el béisbol. Hace poco, este punto en común le supuso una invitación para integrarse en el equipo de *softball* de la oficina.

micos para la empresa. Demasiado yang resulta negativo para la moral y activa el movimiento de personal, lo cual puede significar grandes pérdidas para una empresa, tanto en ingresos como en costes de formación y contratación de empleados.

Por otra parte, algunas oficinas «de lujo» se excenden, pero en el sentido contrario. Una decoración recargada que abusa de las moquetas y las cortinas, los tonos pálidos, la iluminación tenue, los muebles oscuros... todos estos síntomas de buen gusto pueden acabar con el equilibrio porque concentran demasiada energía yin. En estas oficinas podría haber falta de liderazgo, baja productividad, ineficacia en la toma de decisiones y malicia y habladurías entre los empleados. Este yin en desequilibrio es frustrante para todo el que trabaja allí: los empleados que desarrollan su actividad en este entorno estarán con los nervios de punta y sospecharán de sus compañeros y de sus directores por igual.

Si trabaja en una oficina con características parecidas a éstas, encuentre la manera de contrarrestar el desequilibrio, aportando toques de yin o yang según sea necesario. Intente añadir en áreas comunes, si puede, elementos de equilibrio, pero si no puede, asegúrese al menos de ajustar la energía en su propia oficina o lugar de trabajo. Si lo logra, presidirá un entorno en el que los demás se sentirán seguros y percibirán que su despacho es un santuario de serenidad entre el caos. Tanto sus colegas como sus superiores tenderán a confiar en usted, por lo que juzgarán sus proyectos, planes y propuestas favorablemente. Se convertirá en el primero en ser alabado y promocionado.

Si es usted el supervisor o director de una oficina con problemas de este tipo, establezca como prioridad conseguir que el yin y el yang encuentren el equilibrio. Si lo consigue, podrá comprobar hasta qué punto mejora la moral rápidamente y aumenta su autoridad y su buena imagen como director.

Para corregir un entorno con mucho yang, añada toques de suavidad, oscuridad y tranquilidad. Una gran planta verde dará yin a la habitación; también son útiles las lámparas de mesa, que suavizan la luz del techo, los cojines o cualquier objeto personal que dé sensación de paz en la habitación. Tómese un respiro, ponga fin a todo el desorden de la habitación, añada colores tenues y objetos suaves: éstas son las normas básicas para proporcionar yin a una atmósfera yang.

Una oficina yin, por el contrario, necesitará color, actividad, sonido y luz. Si trabaja en un entorno conservador, hará falta añadir un poco de fantasía. Un bolígrafo rojo, un marco para fotos especial de oro o de plata, un pisapapeles de piedra o, incluso, disquetes de varios colores bastarán para añadir discretos elementos yang aquí y allá.

Un entorno equilibrado y armonioso puede fomentar las relaciones amistosas con independencia del lugar en que se encuentre. Comer en restaurantes caros y elegantes hace que la gente se sienta bien, pero la experiencia no se limita sólo a la comida. Una decoración cuidadosa –luces, color de las paredes, flores, disposición de las mesas– contribuye a incrementar al aura de bienvenida que hace que la gente se sienta bien consigo misma y con su compañía. No es casualidad que las parejas elijan a menudo restaurantes «románticos» para sus celebraciones especiales o para festejar su noviazgo. Está claro que no se tienen las mismas impresiones en los restaurantes repletos de gente, ruidosos y con mucha luz... ¡aunque la comida sea muy buena!

Si cuida su situación dentro de una habitación cualquiera, podrá ejercer un cierto grado de control sobre el modo en que le responden sus colegas y supervisores, incluso durante una reunión. Así como un feng shui cuidadoso puede conllevar riquezas, también puede proporcionar poder y autoridad.

CÓMO SER DOMINANTE

- Para disponer del máximo poder en una reunión, llegue temprano y tome asiento en un lugar desde donde pueda ver la puerta y tanto espacio de la sala como sea posible. En este punto, tiene control: puede ver todo lo que pasa en la habitación al mismo tiempo que observa quién se incorpora a la reunión. No sufrirá incómodas sorpresas, por lo que nadie más en la sala podrá competir con usted por el control de la reunión.

- Para que la gente se sienta cómoda en su oficina o en una reunión en la sala de conferencias, permítales tener, por lo menos, una vista parcial de la puerta o de una ventana. Pero nunca lo haga a expensas de su propia situación dominante.

- Para asegurarse de que la gente que entre en su oficina confíe inmediatamente en sus habilidades, procure que el yin y el yang se hallen en equilibrio: será necesario, pues, que la estética y los adornos sean impecables. Su poder puede disminuir si su área de influencia da la impresión de que usted no controla cada aspecto de su trabajo.

- Para mantener una atmósfera equilibrada, mantenga un número de sillas par en su oficina o sala de conferencias. Incluso aunque crea que sólo necesita tres sillas, añada una cuarta. Ello proporcionará equilibrio y armonía, al tiempo que sugerirá que su oficina es un centro de actividad. Pero no lo haga si ello supone sobrecargar la habitación.

COLOCACIÓN DE LOS MUEBLES Y RELACIONES EN EL TRABAJO

Aquellos trabajadores cuyas mesas se hallan enfrentadas tienen más predisposición a reñir y a competir. Si no puede mover alguna de las dos mesas, cree una barrera entre ellas; una planta viva bloqueará la vista directa y aportará el beneficio del chi positivo. En las oficinas de la diseñadora de interiores de San Francisco, Joan Osburn, hubo durante años dos mesas de delineantes puestas una frente a la otra; esta disposición creaba un clima constante de tensión entre los dos delineantes, hecho que afectaba negativamente a todos los que trabajaban en la oficina. Durante una renovación total de las instalaciones, las mesas de dibujo fueron sustituidas por otras nuevas, esta vez las dos orientadas hacia la puerta. Toda la atmósfera cambió y los dos colegas empezaron a compartir ideas y a cooperar uno con otro.

Cuando dos empleados comparten despacho y la mesa de uno de ellos está más cerca de la puerta, esa persona terminará asumiendo un papel de subordinado. Recuerde que cuanto más lejos de la puerta se siente, más poder tendrá. Aquí está en juego la dinámica del poder relativo: no sólo la persona que se encuentra más cerca de la puerta parecerá menos fuerte, sino que también conocerá menos el negocio que su colega, que está más lejos.

Es necesario tener en cuenta este principio cuando un jefe y un empleado comparten un despacho. El empleado podría insubordinarse y usurpar el poder de un supervisor que se sienta en una posición vulnerable (es decir, más cerca de la puerta).

RELACIONES PERSONALES Y AVENTURAS AMOROSAS

El Sudoeste, como recordará, no sólo gobierna el amor, las aventuras sentimentales y el matrimonio, sino que también domina las relaciones entre madre e hijo y las asociaciones. Si quiere llevarse mejor con sus colegas o con su cónyuge, saque provecho del área sudoeste de su oficina (puesto que pasa tantas horas allí, potenciar su oficina puede darle resultados importantes en todos los aspectos de su vida profesional o personal). Si está deseando empezar un negocio por su cuenta y necesita un socio, ésta es el área donde debe centrar su atención. Y si, a pesar de lo mal vistas que están las aventuras amorosas en el trabajo, desea atraer a una persona especial para usted, utilice algunos potenciadores discretos.

Cada potenciador debe ser especial para su objetivo; sea tan creativo como pueda integrando colores, elementos, números, animales celestiales e imágenes inspiradoras en sus adornos. Aquí tiene algunos ejemplos:

- Si desea atraer una compañía amorosa, ponga flores amarillas frescas en su área sudoeste.
- Para reforzar o reparar una relación con un colega, un miembro de la familia o un amigo importante, cuelgue un par de tiestos de cerámica con plantas verdes sanas en la pared sudoeste. Los tiestos aportan el elemento tierra al sudoeste y las plantas verdes añaden chi. Utilizar los tiestos de dos en dos añade fuerza a la potenciación porque el 2 es el número asociado con el Sudoeste.
- Si espera encontrar un socio serio para su futuro negocio, busque imágenes que representen su objetivo empresarial y colóquelas a pares en un rincón al sudoeste. Pruebe a añadir una representación del ave fénix en esta área, ya que es el animal celestial que representa los nuevos comienzos.

Siempre que utilice potenciadores de feng shui, no olvide el trabajo «sucio»: emprenda acciones prácticas que allanen el camino hacia su objetivo. Si busca amistades o aventuras amorosas, compruebe que tiene lo básico: saber escuchar (¡y no olvide limpiarse los dientes después de la comida!). Ni un campo entero de tulipanes amarillos puede superar los obstáculos de una persona que busca compañía pero que gasta malhumor o es desagradable.

OCHO

MÁS QUE ACCESORIOS

Los objetos de los que se rodea en su trabajo son mucho más que meros elementos decorativos o simples recuerdos de sus mejores vacaciones. Cada uno de ellos tiene el potencial necesario para ayudarle a lograr sus objetivos, pero debe prestar atención, ya que pueden atraer tanto chi saludable y positivo como chi directo negativo y dañino. Si utiliza los cinco elementos fundamentales, las ocho áreas de la vida del ba-gua y símbolos cuidadosamente elegidos, su decoración puede conseguir canalizar lo positivo para impulsar sus objetivos profesionales y proporcionarle además un aire distinguido a su espacio de trabajo.

Para crear un buen feng shui, no es necesario que su oficina parezca una tienda de reliquias chinas o un emporio New Age. Hay una gran variedad de posibilidades decorativas que pueden proporcionar armonía y equilibrio, sin atraer más atención que la de una admiración estética. Este capítulo es una guía para seleccionar luces, colores, obras de arte, flores y plantas, además de un sinfín de accesorios de oficina tanto usuales como inusuales para potenciar el chi de su entorno de trabajo y ayudarle a alcanzar sus objetivos profesionales.

ILUMINACIÓN

Una luz adecuada es crucial para obtener un buen feng shui. Tanto el buen feng shui como ciertas consideraciones prácticas dictan que disponga de una luz óptima a la hora de trabajar. Cuanto mejor sea la iluminación (no necesariamente brillante), más fuerte y más vibrante será el chi que le rodea.

Tanto si la luz es natural y proviene de una ventana sin cortinas o persianas como si se trata de luz artificial que parte del techo, evite el deslumbramiento. No sólo se trata de uno de los principales factores a la hora de provocar irritación, sino que también es fuente de sha. Si no puede evitar la luz cegadora –por ejemplo, la del sol de la tarde que entra por una ventana grande– desvíela colgando un cristal en la vía de la luz. El cristal la captará y la refractará, creando un arco iris y rompiendo el sha.

La luz del techo, cuando es dura e implacable, disipa rápidamente el chi saludable y lo sustituye por sha. Incluso cuando la luz del techo sea brillante, ponga una lámpara atractiva en su mesa que guarde proporción con el tamaño de su escritorio. La lámpara no debe ocupar un espacio que le sea necesario, ni amenazarlo desde una posición demasiado alta. Así, la luz más suave disipará el chi fuerte y permitirá que circule el chi saludable. Al mismo tiempo, puede hacer que su espacio de trabajo sea más personal y atrayente. Pronto va a sentirse como en casa y todo aquel que entre –desde jefes a colegas– notarán este cambio y lo agradecerán.

Ponga una lámpara de tal modo que la luz provenga del lado opuesto a su mano dominante. Si es usted diestro, por ejemplo, y la lámpara está en la derecha, su mano bloqueará la iluminación. En cambio, si la lámpara está a su izquierda, la mano con la que escribe no interferirá en su camino y se beneficiará del poder de una luz ininterrumpida.

Las lámparas de pie a menudo desprenden una una luz atractiva sin ocupar espacio encima de su mesa. Una luz tipo antorcha, que ilumine suavemente la pared y el techo, atraerá el chi a la parte más alta de su oficina estimulando su creatividad y elevando la energía positiva.

Los candelabros de cristal o vidrio son potenciadores ideales de feng shui y, en consecuencia, del chi, ya que combinan una hermosa luz con diferentes niveles de iluminación.

En el caso de que no le gusten los cristales para su oficina, podrá conseguir el mismo efecto energético del chi con un elemento mucho más tradicional: el pisapapeles de cristal. Los candelabros, móviles o cualquier objeto brillante de vidrio pueden evitar también la necesidad de colgar cristales. Todos estos objetos capturan y dispersan la luz de su oficina, por lo que potenciarán el buen chi. Dado que son elementos de tierra muy fuertes, los cristales pueden utilizarse en el suroeste para ayudar a conseguir objetivos tales como consolidar asociaciones empresariales, atraer a un cónyuge o reforzar los lazos de cualquier relación que sea importante para usted.

CRISTALES Y MÓVILES CHINOS

Si desea que llamen más clientes, cuelgue un cristal encima de su teléfono para activar la energía chi. Pero si le resulta difícil atender todas las llamadas, ponga una piedra u otro objeto pesado al lado del teléfono: con ello evitará que suene tan a menudo. La densidad y el peso del objeto estabilizará la energía que rodea al teléfono.

Los móviles chinos de viento son conocidos en el feng shui porque atraen el chi con su movimiento y su agradable repiqueteo. Por eso, si le gustan y desea incorporarlos a su plan de feng shui, deberá colgarlos en el exterior, donde capturarán la brisa y enviarán su campanilleo al viento.

COLOR

El color crea ambiente y define un tono para cada entorno. Si tiene la opción de escoger un color para su despacho, su primer objetivo debería ser utilizarlo con la finalidad de establecer una sensación de armonía y paz. Empiece con un tono suave de fondo y después utilice colores vibrantes para dar toques, teniendo siempre en cuenta el propósito del área concreta que esté decorando y las zonas de las aspiraciones vitales que desea resaltar.

La pediatra Karen Elson, de Falls Church, Virginia, pintó la sala de espera de su consulta de verde pastel, por la asociación de este color con la salud y el crecimiento. Después, destacó un rincón especial destinado a jugar con un blanco brillante (el color de los niños) y azul (otro tono que representa salud y crecimiento). El efecto es lo bastante vivo para resultar atractivo a los niños y lo suficientemente tranquilizante para calmar a los padres angustiados.

Harold Berg, un arquitecto de Brooklyn, Nueva York, pintó toda su planta de oficinas de color amarillo pálido. Explicó que las buenas relaciones con sus clientes eran lo más importante en su negocio, por lo cual escogió el color que corresponde al área de las relaciones. Harold utilizó después unos toques de tejido naranja y muebles de madera de color pálido, especialmente en el sector sudoeste, donde los tonos terrosos resultan especialmente beneficiosos.

Piense que puede utilizar los colores para invocar a los cinco elementos fundamentales, lo que supone una forma más de animar a estas fuerzas poderosas para que nos ayuden a conseguir nuestros objetivos.

Por ejemplo:

- El azul oscuro puede ser una alternativa al negro para simbolizar el agua en el caso de que desee acentuar el elemento del norte para sus aspiraciones profesionales.
- Para resaltar el fuego en el Sur utilice evidentemente el rojo, pero también rosas y marrones oscuros.
- Para activar el Este, utilice marrones claros, que simbolizan la madera en crecimiento. También puede usar verdes y azules claros, ya que recuerdan la primavera.
- El elemento metal, que obrará maravillas en sus aspiraciones creativas si lo coloca en el Oeste, puede invocarse con el blanco, pero también con marcos de fotos dorados o plateados y con accesorios para mesa como relojes y sujetalibros.
- Utilice marrones, naranjas, amarillos oscuros y colores tostados para invocar la tierra en el Sudoeste.

ORGANIZAR CON COLOR

A menudo he utilizado el vulgar clip para papel como potenciador de feng shui en mi oficina. Los clips con cobertura de plástico pueden usarse para organizar los papeles añadiendo un toque de color, que estará en función de las aspiraciones que haya depositado en cada documento. Yo utilizo clips rojos en todo lo que tiene que ver con publicidad (fama) o mi reputación. Los clips amarillos o naranjas están reservados para elementos asociados con las relaciones o con personas de gran importancia (recuerde que el amarillo es el color de la realeza); los clips de color púrpura se encuentran en todos los papeles relacionados con la economía, y los clips verdes o azules acompañan a los papeles que tienen como objetivo ayudar a mi crecimiento profesional, inspirar mi creatividad o abrirme nuevas puertas. El feng shui de los clips para papel funciona igual de bien tanto si envía cosas a alguien como si simplemente está utilizándolos para sus archivos personales. Las carpetas de colores pueden ser asimismo efectivas. Piense en las aspiraciones que deposita en un conjunto de papeles en concreto y seleccione detenidamente el color del clip o de la carpeta que mejor se adapte a sus deseos.

OBRAS DE ARTE Y ACCESORIOS

Algo fundamental que debe tener en cuenta a la hora de escoger obras de arte para su oficina es que de un modo u otro éstas han de reflejar sus aspiraciones y elevarle el espíritu. Rodéese de imágenes alegres y evite a toda costa el arte que sea oscuro, triste, desconcertante o inquietante. No es necesario invertir mucho dinero en comprar algo realmente bonito y especial. A menudo encontrará bellas e inspiradoras obras de arte en la tienda de regalos de su museo preferido. También puede comprar un póster conmemorativo de un acto en el que haya disfrutado especialmente.

La escritora de libros infantiles Marcy Hinsdale tiene un póster de una feria de libros de la ciudad de Nueva York encima de su mesa de trabajo. En él se ven niños acompañados por dinosaurios que corren por encima de las páginas de libros abiertos y vuelan sobre los rascacielos de la ciudad mientras anochece. Marcy lo observa muchas veces al día, puesto que cada vez que levanta la cabeza le produce alegría e inspiración a la hora de escribir.

No menosprecie el arte de los calendarios como fuente potencial de intensificaciones del feng shui. En una buena librería que posea una amplia selección de calendarios, encontrará una gran variedad de escenas, símbolos y personas: seguro que alguna de estas cosas tiene que ver con sus objetivos o sus sueños.

Los accesorios imaginativos para ordenador y escritorio pueden conseguir el mismo impacto que los objetos artísticos en su oficina. Las alfombrillas para ratón vienen decoradas con todo tipo de motivos, desde personajes de dibujos animados hasta reproducciones de Duch Old Master. Diviértase con ellas, aunque no olvide tener en cuenta sus colores y los elementos que sus imágenes simbolizan. Los protectores para pantallas son otro accesorio de oficina divertido y potencialmente favorable. Incluso puede conseguir un protector de pantalla tipo «acuario», con peces de colores que flotan tranquilamente: potenciará sus esperanzas de éxito económico y profesional. ¡Además, esta pecera no necesita cuidados! El salvapantallas de las tostadoras flotantes está bien, pero tenga en cuenta que añade más metal, lo que podría crear un desequilibrio de los elementos dependiendo del lugar en el que se halle su ordenador y de lo que haya a su alrededor.

Si ha pensado en potenciar el feng shui con algún elemento especial, los sujetalibros pueden ofrecerle exactamente lo que anda buscando. Utilice un sujetalibros de madera, metal o piedra (tierra) o grandes velas de cera para que representen el fuego. Un vidrio claro y grande añadirá el elemento agua. Muchas librerías bien equipadas tienen una selección de sujetalibros que le pueden ofrecer ideas; de nuevo, la tienda de regalos o el catálogo de su museo podrían resultarle útiles cuando busque ese artículo.

Los chinos utilizan mucho el simbolismo; de manera especial, les gusta invocar las propiedades místicas de los pájaros o de otros animales, de las flores y distintos objetos que relacionan con la suerte y la prosperidad. Utilice estos símbolos en su oficina de la forma que mejor le parezca; encontrará desde obras de arte hasta topes de puertas.

SIMBOLOGÍA CHINA DE LA BUENA SUERTE

Por supuesto, no es preciso que utilice sólo arte asiático para lograr un buen feng shui. En realidad, es importante que se inspire en sus propias preferencias y en hechos que ocurrieron en el pasado para encontrar una obra de arte que tenga significado. Pero si le gusta el arte chino o asiático, esta sección le guiará en la interpretación de los símbolos y en la elección de la obra adecuada para sus propósitos.

PECES

Los peces, como hemos visto, representan el dinero y la abundancia. En el arte chino se utilizan algunas veces para representar el éxito. Busque peces en jarrones chinos y en cuadros en los que aparezcan pescadores tras una jornada de trabajo favorable.

Si no puede poner un acuario en su oficina o no tiene un estanque delante del edificio en donde trabaja, coloque cualquier forma artística en la que se hallen representados los peces (cuadros, estatuas, tapicerías, protectores de pantalla...), siempre que sea adecuada al entorno de su oficina y que le resulte agradable. Las carpas y los peces de colores son típicas elecciones. Pero evite los peces ángel porque su forma sesgada dispara flechas venenosas en todas direcciones. Y como puede imaginar, las pirañas u otros peces predadores dan muy mal feng shui.

PÁJAROS

Los pájaros son excelentes representaciones de buena fortuna, fama, creatividad y otras bendiciones.

- El mítico ave fénix (directamente asociado con el Sur y la fama y la fortuna) evoca la creatividad. El fénix es destruido por las llamas y vuelve a crearse y a alzarse de sus cenizas, lo que constituye un buen recordatorio de

que uno no debe permitir nunca que los obstáculos le
impidan volver a intentar cualquier cosa.

- El gallo, galante y digno, puede suscitar estas propiedades si exhibe imágenes suyas. Incluso sólo algunas de
sus plumas azules y verdes colocadas en lugares adecuados de su espacio de trabajo ya pueden surtir efecto.

- Otro pájaro excelente para atraer la fortuna y la fama es
el brillante cardenal rojo. Téngalo expuesto en cuadros,
jarrones, fotos o cualquier representación estética que le
guste.

- Lo crea o no, los murciélagos son símbolo de dinero: en
el arte chino representan la buena suerte. A menudo se
pintan de color rojo y se cuelgan cabeza abajo en las
casas chinas para atraer la buena fortuna. También simbolizan la sabiduría, ya que al estar cabeza abajo pueden
ver las cosas desde otra perspectiva.

- Incluso el canario común puede simbolizar y atraer la
riqueza con su color dorado brillante. No es necesario
que tenga uno enjaulado en el trabajo (lo cual podría
resultar molesto y difícil). Busque a este diminuto pájaro doméstico en pinturas, figurillas o pequeños materiales
gráficos.

ANIMALES

- El animal más importante en la tradición china es el místico y poderoso dragón. Puede proporcionarle inspiración, riqueza y protección, cualidades que resultan esen-
ciales para avanzar en su carrera y fomentar el éxito en
los negocios en general.

- El caballo es uno de los Siete Tesoros del Budismo y
simboliza la velocidad y la perseverancia, otras dos ca-

racterísticas vitales para el éxito a largo plazo en el mundo de los negocios.

- El tigre es el más fuerte de los animales celestiales, pero también el más agresivo. Representa la violencia de la naturaleza humana y puede defender o atacar. Siempre saltará a la acción cuando se sienta provocado. Dado que es fiero y salvaje, téngalo en un lugar donde pueda verlo siempre; de otro modo, podría ser que le devorara cuando no lo estuviera mirando.

- Si es estabilidad lo que necesita, la tortuga es una excelente elección. Con caparazón protector propio y un paso lento pero seguro, la tortuga es conocida por su perdurable poder y su longevidad. Le ayudará en proyectos a largo plazo y le protegerá de ataques por la retaguardia. Este pequeño reptil sin pretensiones puede ser un buen amigo para su carrera, especialmente si lo coloca en el Norte, la dirección del éxito profesional y de los negocios.

- La serpiente es considerada como un animal muy perspicaz y se la conoce por sus acciones oportunas e inteligentes. Puede ser su aliada a la hora de tomar decisiones estratégicas que requieran una buena dosis de sabiduría. Depende de usted encontrar una forma inteligente de colocar la imagen de una serpiente en su oficina sin atemorizar a los compañeros de trabajo aprensivos.

- Las ranas simbolizan la buena suerte, de modo que las figurillas de estos animales se colocan a menudo en la puerta principal de las casas chinas para representar la llegada de la riqueza. Si busca bien, tal vez encuentre una pequeña estatua de una rana con una moneda en la boca, un símbolo especialmente significativo del dinero que va a entrar en su vida. Ponga una cerca de la puerta de entrada de su empresa (busque topes para puertas en forma de rana) y quedará asombrado por la cantidad de dinero que, dando brincos, vendrá hacia usted.

No hay ninguna planta o flor que pueda considerarse portadora de mala suerte (aunque los cactus son los menos favorables debido a su naturaleza espinosa). Sin embargo, muchas flores tienen un significado especial en la tradición popular china; tal vez quiera inspirarse en ellas al dibujar su esquema de decoración para alcanzar el éxito.

FLORES Y PLANTAS

- La peonía, que aparece frecuentemente en bonitos cuadros y mamparas chinos, es símbolo de buena suerte y larga vida. Se utiliza a menudo para representar la riqueza y el honor.
- El crisantemo representa la felicidad y la risa. Por ello, se puede ver por todas partes, junto con la peonía, en las celebraciones del Año Nuevo en China.
- El iris tiene el tono púrpura exacto para activar su rincón de la riqueza de una forma especialmente poderosa.
- El loto es la flor sagrada del budismo. No resulta nada práctico tener uno vivo en la oficina porque necesita estanques fangosos para crecer. Pero puede sacar provecho de sus bendiciones de paz, pureza y crecimiento espiritual rodeándose de piezas de porcelana u otra forma artística en la que su imagen esté representada.
- La flor del ciruelo atrae un flujo de chi positivo y activo extraordinario. Plántelo en los alrededores de su empresa o del edificio donde trabaje y disfrute de los resultados.
- Los girasoles, con su impresionante tonalidad amarillo dorado, pueden aportar yang a una habitación oscura y

sombría en la que haya un desequilibrio provocado por el exceso de yin.

- Las plantas verdes son excelentes para activar cualquier área de la habitación que se corresponda con sus aspiraciones. Y son muy efectivas cuando se utilizan para bloquear el sha irradiado por postes cuadrados o muebles con cantos agudos en un espacio interior.

- Los geranios rojos atraen prosperidad y son una flor muy utilizada en el feng shui. Resultan fáciles de cultivar en espacios interiores siempre que los ponga al sol. Les encantará la luz natural de una ventana orientada al Sur; su color complementará su área de fama y fortuna.

Las flores y las plantas tienen que estar muy sanas y florecientes para aportarle sus influencias positivas. Si las flores se mueren o las plantas se marchitan, tírelas o sustitúyalas inmediatamente. Puede utilizar flores y plantas de seda, pero téngalas limpias y resplandecientes.

Hay quien cree que las flores secas tienen muy mal feng shui porque han perdido su esencia por la falta de agua. Sin embargo, yo he visto muchas empresas prósperas atractivamente decoradas con guirnaldas secas y ramos de flores, especialmente cuando los colores se mantienen vivos. Vea qué es lo que funciona mejor en su caso, pero si tiene más problemas de los que puede solucionar, evite en lo posible las flores secas.

OFICINAS FAMOSAS. EL FENG SHUI EN ACCIÓN EN LAS CARRERAS DE ALGUNOS FAMOSOS

Aunque ellos no hubieran oído hablar nunca de esta ciencia china, el feng shui ha afectado e influido en las vidas y carreras de profesionales tan dispares como un simple fontanero y presidentes, magnates y personas famosas de la televisión. El buen o mal feng shui no sólo ha representado un papel importante en las vidas individuales de cada uno de ellos, sino que su influencia se ha extendido, como ondulaciones en un estanque, a las vidas de aquellos que los rodeaban.

Sólo como diversión –y para mantener activa su nueva sensibilidad hacia el feng shui– eche un vistazo a estas oficinas famosas y al efecto que su feng shui ha tenido sobre los ocupantes.

MURPHY BROWN. POSICIÓN DE PODER PERFECTA

Todos conocemos a Murphy Brown, el personaje de la teleserie interpretado por Candice Bergen, cuya carrera ficticia como periodista ha dominado la comedia televisiva de los últimos años. Murphy Brown tal vez sea un personaje ficticio, pero su personalidad arrolladora ha cobrado vida: recuerde cómo se mezclaron realidad y ficción cuando el vicepresidente Dan Quayle denunció el estilo de vida de Murphy por ser un ejemplo de dudosa moralidad para la nación. Los periodistas de carne y hueso también se toman a Murphy en serio, por lo que aparecen a menudo en el programa.

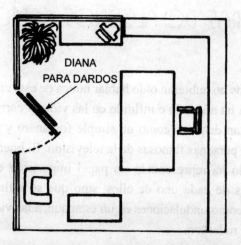

DIANA PARA DARDOS

Aunque los productores de la serie nunca pensaron en ello cuando diseñaron la oficina de Murphy, el feng shui de su lugar de trabajo parece hecho a medida para potenciar tanto los puntos fuertes como las debilidades del personaje. Los diseñadores de escenarios intuitivamente reflejaron su fuerte –aunque no perfecta– personalidad en la disposición de su despacho. Su mesa mira hacia la puerta y su espalda está contra una pared sólida, lo cual le sitúa en una posición de gran poder. Tiene una pecera en la esquina frontal de su mesa, que promueve la abundancia y el éxito económico. Las paredes situadas detrás y alrededor de su mesa están repletas de premios que simbolizan sus logros. Estos recuerdos de sus éxitos profesionales ya conseguidos añaden un elemento positivo a su entorno, manteniendo alto el nivel de chi e impulsándolo todavía más hacia triunfos profesionales.

Pero si los aspectos positivos de la vida y carrera de Murphy Brown parecen provenir del feng shui, también ocurre esto con los negativos. Como su mesa está en frente de la puerta de la oficina, es bombardeada frecuentemente con sha. Esta poderosa fuerza negativa podría ayudar a explicar su famoso mal humor, así como las complicaciones que surgen en los argumentos de sus aventuras y que le fastidian cada semana.

EL DESPACHO OVAL. UN CHI DÉBIL PARA EL PRESIDENTE

El despacho oval es otro de los lugares conocidos por los americanos, aunque la mayoría de ellos no hayan puesto nunca un pie en él. ¿Se ha preguntado alguna vez por qué su ocupante a menudo lo pasa tan mal cuando intentar obtener el apoyo del congreso a sus propuestas? No puede culpar de ello únicamente a las políticas partidistas. El presidente de los Estados Unidos de América está soportando la situación de un feng shui negativo en su trabajo.

Observe la ventana que se ve justo detrás de la mesa del presidente cada vez que habla a la nación desde el Despacho Oval. Como carece de una pared sólida detrás de él, sufre la falta de soporte firme para sus programas. Al mismo tiempo, la ventana permite que la valiosa energía chi se escape por detrás de él. Y no es sólo una ventana mal colocada lo que merma el chi del presidente. La habitación también tiene demasiadas entradas y salidas. Hay cuatro puertas que dan a la habitación y provocan un flujo errático del chi, lo que distrae la concentración del presidente y de sus consejeros siempre que éstos se reúnen en el despacho. Y lo que es más importante todavía: el poder del presidente se disipa con este flujo discontinuo de chi, que crea desconfianza en la gente. Podría mejorar rápidamente su espacio de varias maneras: moviendo la mesa lejos de la ventana, inutilizando una de las cuatro puertas o poniendo plantas cerca de la chimenea para equilibrar el elemento fuego y «darse un respiro».

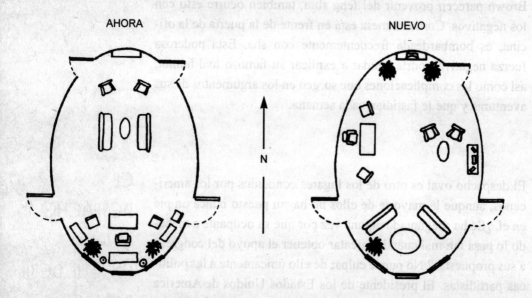

AHORA   N   NUEVO

THOMAS JEFFERSON. EL FENG SHUI Y LAS DIFICULTADES EN MONTICELLO

Thomas Jefferson, el tercer presidente de los Estados Unidos, era también agricultor, inventor, hombre de estado, filósofo, político, revolucionario y –no menos importante– arquitecto. Monticello, la casa de Charlottesville, Virginia, que Jefferson diseñó y en la que vivió, trabajó y murió, es considerada parte de su legado autobiográfico.

El gabinete (como llamaba Jefferson a su estudio) es una habitación poco corriente, con forma de medio octógono y que se proyecta como una bahía desde su dormitorio. Las ventanas altas y un juego de puertas francesas dejan entrar mucha luz. Jefferson sacó lo mejor de la luz disponible diseñando un escritorio y una mesa rotatorios que le permitían girarse cuando trabajaba, capturando el sol mientras éste se desplazaba por el cielo. Interesado también en la eficiencia, Jefferson puso la cama de su alcoba al lado del gabinete para poder ir a trabajar en cuanto se despertara por la mañana.

La experimentación y la invención estaban en el centro de los diseños de Jefferson y su habitación gabinete-dormitorio reflejaba estas pasiones. Desgraciadamente, los entusiasmos de Jefferson chocaban algunas veces con los principios del feng shui. La energía chi incompatible de sus áreas de dormitorio y de trabajo interferían en su sueño por la noche y le dificultaban la concentración en los asuntos fiscales durante el día. Más serio

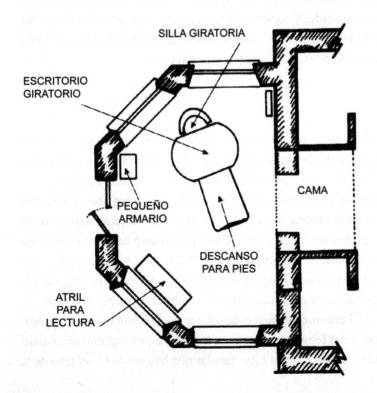

resulta el hecho de que la forma octógonal de su oficina pudiera haber contribuido a sus problemas económicos. Una construcción completa con ocho lados habría sido perfecta, puesto que el ocho representa la prosperidad; la forma octógonal, símbolo del bagua, es muy favorable. En efecto, el diseño experimental de Jefferson cortó en dos sus oportunidades de prosperidad. Por supuesto, este desafortunado feng shui fue exacerbado por Jefferson, quien en lugar de controlar sus hábitos de gastar y su generosidad proverbial continuó ejerciéndolos aun cuando no tenía mucho dinero con el que mostrarse espléndido.

El chi, la fuerza que nos da vida, se veía severamente mermado en toda la casa de Jefferson, aunque de forma especial en su estudio, mientras él se trastornaba cada vez más a causa de su mala situación económica: la casa y sus muebles quedaron en un pésimo estado. Cuando Jefferson murió, este gran hombre y brillante pensador estaba tan adeudado que toda su propiedad tuvo que ser vendida para pagar a sus acreedores.

DONALD TRUMP. EL BUEN FENG SHUI PROPORCIONA BENEFICIOS

Es duro jugar con el éxito. Donald Trump, presidente y director ejecutivo de Trump Organization, uno de los hombres más ricos del mundo, es la personificación de las máximas actuaciones en el mundo de los negocios. Pero desde hace unos años cuenta con la ventaja secreta de consultar a maestros de feng shui en todos sus proyectos importantes. Dado que Trump hace muchos negocios en Asia, se ha ocupado de procurar estar siempre rodeado de buen feng shui. Como ha dicho muchas veces, si el feng shui es importante para sus clientes, «es lo bastante bueno para mí».

El enorme despacho de Trump en Manhattan es un ejemplo clásico del feng shui puesto en práctica en un entorno de trabajo. Trump valora la vista espectacular que hay desde la ventana de su oficina, pero cuando está sentado en su mesa se coloca inteligentemente de cara a la puerta de la oficina, en lugar de hacia la ventana. Compensa el hecho de tener la ventana a su espalda –lo que podría dejarle sin soporte por detrás– sentándose en una silla de piel con respaldo alto. Además, cuenta con el apoyo adicional de unos dragones y tigres simbólicos en forma de rascacielos que ha colocado detrás de sí. Igual que los montes protectores en la antigua práctica del feng shui, los altos edificios protegen a Trump del peligro.

Una alfombra beige proporciona un fondo sereno, mientras que las sillas circulares de terciopelo rojo invocan los colores del lujo y la riqueza (la silla de despacho de Trump fue también cuidadosamente elegida para representar el lujo; está cubierta con una rica piel de color borgoña). Las sillas, que tienen la tan favorable forma circular, están esparcidas por la habitación y animan el flujo suave aunque vibrante del chi. La amplia mesa redonda de reunión continúa el patrón suavemente curvado, al mismo tiempo que promueve la armonía entre la gente que se reúne alrededor de ella. Donald Trump, obviamente, valora los beneficios que le ha aportado el feng shui a su oficina y ha dicho, con su característica modestia: «Este edificio en concreto me ha dado buena suerte».

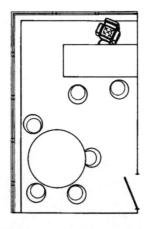

CONSIDERACIONES FINALES

No es coincidencia que la popularidad del feng shui haya crecido de forma tan sorprendente en los últimos años. Este antiguo arte está respondiendo a la necesidad moderna de tener un cierto control sobre nuestras vidas, que a menudo se mueven más deprisa de lo que cualquiera de nosotros desearía.

Es alentador ver que nuestra sociedad, al mismo tiempo que está más centrada que nunca en los logros tecnológicos, empieza a valorar un arte que no siempre puede explicarse lógicamente. Mientras el ritmo de vida se intensifica –correo electrónico, faxes, teléfonos móviles, videoconferencias, más horas de trabajo– resulta en cierto modo tranquilizador que un fenómeno algo místico nos pueda ayudar a establecer una conexión con el mundo natural y su ritmo.

Un aviso: el feng shui no es magia. Invocar su antigua sabiduría no puede sustituir la gestión de las realidades prácticas, como el hecho de tener las cuentas al día. Y ni siquiera el más hábil maestro de feng shui podrá solucionar todos sus problemas moviendo sus muebles de sitio. A pesar de esto, no cabe duda de que practicar el feng shui proporciona la oportunidad de alcanzar algo que va más allá de lo mundano y amplía los límites de lo posible. El primer reto es imaginar qué sería posible y partir de ahí. No piense en la práctica del feng shui como en el arte de mover muebles; piense más bien que se trata de la reorganización de su vida, desde dentro hacia fuera.

ÍNDICE

AGRADECIMIENTOS.. 9
INTRODUCCIÓN... 11

UNO: ¿QUÉ ES EL FENG SHUI?...................................... 17
    Viento y agua.. 18
    De dónde viene.. 18
    Escuelas del feng shui..................................... 20
    Chi... 23
    Chi personal... 25
    Ying yang... 26

DOS: FIJARSE SUS OBJETIVOS...................................... 31
    Determinar sus objetivos................................. 31
    Hacer inventario.. 32
    Ejercicios de calidad de vida........................... 33
    Ejercicio sobre el camino del chi...................... 35
    El futuro.. 36

TRES: FUNDAMENTOS DEL BA-GUA.................................. 39
    Direcciones cardinales..................................... 40
    Elementos... 42
    Ciclos creativos y destructivos.......................... 43
    Elementos en acción....................................... 45

CUATRO: UNA MESA PARA EL ÉXITO............................... **47**

    Tenga el ojo puesto en la puerta.......................... 48

    Sea dominante.. 48

    Manténgase protegido....................................... 49

    Cómo elegir su mesa... 50

    Desorden en la mesa. Por qué es malo

    y qué hacer con él.. 53

    El Ba-gua y su mesa de trabajo........................... 56

CINCO: DEL CUBÍCULO AL DESPACHO DE LUJO. BUEN FENG SHUI PARA CADA ESPACIO DE TRABAJO.................................. **63**

    Fuera del edificio... 65

    Ubicación de la oficina...................................... 67

    La oficina del director....................................... 67

    Vestíbulos.. 69

    Puertas frente a frente....................................... 69

    Escaleras.. 70

    El cubículo... 70

    La sala grande con muchas mesas....................... 74

    Primeras impresiones.. 75

    Cafeterías... 76

    Salas de fotocopias, fax, archivos

    y suministros.. 79

    La oficina en casa... 79

    En la carretera... 82

SEIS: EL FENG SHUI Y LAS GANANCIAS........................... **85**

    Éxito profesional y en los negocios..................... 87

    Fama y fortuna.. 87

    Dinero... 88

    Crecimiento y salud.. 89

    Agua, agua por todas partes............................... 90

    Espejos.. 93

SIETE: LAS RELACIONES EN EL TRABAJO.................................... **97**

Desarrollo del chi personal.................................... 98

La seguridad en uno mismo es la clave............... 98

Ejercicios de la respiración................................ 99

Meditación.. 99

Cómo actuar.. 101

Equilibrio yin/yang: cómo crear un entorno
que inspire confianza... 102

Cómo ser dominante... 107

Colocación de los muebles y relaciones
en el trabajo.. 108

Relaciones personales y aventuras amorosas....... 109

OCHO: MÁS QUE ACCESORIOS.................................... **111**

Iluminación... 112

Cristales y móviles chinos................................. 113

Color... 114

Organizar con color.. 115

Obras de arte y accesorios................................. 116

Símbología china de la buena suerte.................. 117

Peces... 118

Pájaros.. 118

Animales.. 119

Flores y plantas.. 121

**NUEVE: OFICINAS FAMOSAS. EL FENG SHUI EN ACCIÓN EN LAS CARRE-
RAS DE ALGUNOS FAMOSOS**.................................... **123**

Murphy Brown. Posición de poder perfecta....... 124

El despacho oval. Un chi débil para el jefe......... 125

Thomas Jefferson. El feng shui y las dificultades
en Monticello.. 126

Donald Trump. El buen feng shui
proporciona beneficios....................................... 128

CONSIDERACIONES FINALES.................................... **131**